元宇宙

互联网终极形态

陈建明　著

METAVERSE
THE ULTIMATE FORM OF THE INTERNET

清华大学出版社
北京

内 容 简 介

本书详细介绍了元宇宙的概念、要素、图景，所依赖的关键技术和基础设施，元宇宙的主要技术障碍和突破口，虚拟世界的经济系统和协作系统，元宇宙的发展路径，以及元宇宙概念所催生的商机、投资机会，各行业巨头在元宇宙的布局，元宇宙自身不均质特性所带来的各种风险（伦理、技术、社会、金融、垄断等风险）。

本书适合科技圈人士、投资圈人士、创业圈人士、关联产业群从业人员以及对元宇宙感兴趣的人群阅读，使他们更好地拥抱元宇宙，抢占制高点，抢占先机，提前布局。

本书封面贴有清华大学出版社防伪标签，无标签者不得销售。

版权所有，侵权必究。举报：010-62782989，beiqinquan@tup.tsinghua.edu.cn。

图书在版编目（CIP）数据

元宇宙：互联网终极形态 / 陈建明著．—北京：清华大学出版社，2022.6
（新时代·科技新物种）
ISBN 978-7-302-60394-8

Ⅰ.①元… Ⅱ.①陈… Ⅲ.①信息经济 Ⅳ.① F49

中国版本图书馆 CIP 数据核字 (2022) 第 048624 号

责任编辑：刘　洋
装帧设计：方加青
责任校对：王荣静
责任印制：宋　林

出版发行：清华大学出版社
　　　　　网　　址：http://www.tup.com.cn，http://www.wqbook.com
　　　　　地　　址：北京清华大学学研大厦 A 座　　邮　编：100084
　　　　　社 总 机：010-83470000　　　　　　　　　邮　购：010-62786544
　　　　　投稿与读者服务：010-62776969，c-service@tup.tsinghua.edu.cn
　　　　　质 量 反 馈：010-62772015，zhiliang@tup.tsinghua.edu.cn
印 装 者：三河市东方印刷有限公司
经　　销：全国新华书店
开　　本：170mm×240mm　　印　张：14.75　　字　数：215 千字
版　　次：2022 年 7 月第 1 版　　印　次：2022 年 7 月第 1 次印刷
定　　价：79.00 元

产品编号：096365-01

专家推荐

科技革命总是通过提高人们认识和改造世界的能力，引起生产力革命，从而大大促进社会生产力和经济的迅速发展。人工智能、区块链、云计算、大数据、5G、智能物联网、虚拟现实、增强现实和扩展现实等新技术的发展奠定了元宇宙发展的基础，未来元宇宙将重构人们的生活方式、生产模式和组织治理模式，也将助推经济持续发展。北大国际 MBA 2000 级校友陈建明的著作《元宇宙：互联网终极形态》将为大家打开元宇宙认知的大门。

——杨壮　北京大学国家发展研究院管理学教授

在移动互联网带动经济的动能减速的阶段，元宇宙将成为推动世界经济发展的"数字引擎"，助推世界经济飞跃发展。陈建明先生长期从事互联网创业，从 PC 互联网，到移动互联网，再到元宇宙，不仅积累了丰富的互联网创业经验，也在实践中总结了深刻的经验和教训。相信陈建明先生的著作《元宇宙：互联网终极形态》能够对大家了解元宇宙，进行元宇宙创业、投资提供参考和借鉴。

——朱玉杰　清华大学经管学院教授、博士生导师

元宇宙将如何从 Roblox 当下如日中天 Alpha 世代的游戏元宇宙破圈？如何快速渗透到产业元宇宙、消费元宇宙、城市元宇宙、教育元宇宙、医疗健康元宇宙、军事元宇宙、工业元宇宙，甚至农业元宇宙？不同元宇宙之间是建立新的数字柏林墙，还是建立全球共享的数字标准和协议？元宇

宙成长的边界在哪里？元宇宙中哪些经济活动可能昙花一现，产生巨大的泡沫？元宇宙中的房地产除了游戏、娱乐功能，还有哪些价值？元宇宙将如何改变人类？上千亿的数字人化身将如何为人类服务？又将如何与近80亿人类共生？

本书没有提供所有这些问题的答案，但本书却点燃了我们对元宇宙美好未来的向往。本书不仅是一本元宇宙的科普读物，还将开启我们共同迈向元宇宙的新征程。

——颜艳春　盛景嘉成基金合伙人，山丘联康创始人兼董事长，
中国流通三十人论坛（G30）成员，
《产业互联网时代》和《第三次零售革命》作者

每一个时代的科技革命都极大地促进了社会生产力的进步和人的解放。元宇宙正在引领新一轮技术革命，推动全球经济文化体系的数字化、智能化转型升级。陈建明先生的《元宇宙：互联网终极形态》深入解读元宇宙的技术条件、技术障碍、突破方向，虚拟世界和现实世界的经济系统及协作系统，以及元宇宙概念下催生的商机、投资机会等，值得阅读！

——秦朔　人文财经观察家，中国商业文明研究中心联席主任

"元宇宙"不仅是一场技术革命，更可能是一场由技术革命而引发的社会革命。"元宇宙"的革命性影响最可能是从商业场景开始的。因此，商业地产界应该认真去认识它、主动去拥抱它、积极去利用它。作为商业地产与互联网交叉领域的持续创业者，陈建明先生所著的《元宇宙：互联网终极形态》一书对业界的商业化应用具有指引性。

——王永平　商务部市场运行专家，
全联房地产商会商业地产工作委员会会长

元宇宙就是人类的虚拟世界，是人类在数字时代的新生存方式，它既是人类文明的发展机遇，也是挑战；它既是商业命题，也是哲学命题，亟

待探讨与研究。陈建明先生的《元宇宙：互联网终极形态》一书，系统翔实地回答了我心中的很多疑惑。陈建明先生是国内互联网商业领域最早的研究与实践者之一，有深厚的理论功底与丰富的实践案例。以这样的基础与视角切入元宇宙的观察和研究，非常具有落地和应用价值。祝贺《元宇宙：互联网终极形态》一书出版并大卖。

——杨乐渝　全经联执行主席

元宇宙是下一代互联网的新形态，对新新人类的吸引力不亚于哥伦布发现新大陆。元宇宙是一个沉浸式体验的平行世界，在这个虚拟世界里可以重建人类现实世界里的一切。元宇宙将成为年轻一代互联网原住民消费主场，蕴含着巨大的新财富机会。所有的生意都可以重做一遍，所有的故事都可以重讲一遍，所有的商业模式都可以重来一遍：新的谷歌、新的阿里、新的京东、新的字节跳动……都可能在元宇宙中诞生。

——李光斗　品牌战略专家，中央电视台品牌顾问，
《品牌战》《互联网下半场》《区块链财富革命》作者

随着众多相关技术的发展、积累与融合，元宇宙应运而生。虚拟世界与现实世界混合发展，将带来颠覆性的社会变化。面向未来，我们应该拥抱元宇宙，提前准备，抢占先机。元宇宙基于扩展现实技术提供沉浸式体验，基于数字孪生技术生成现实世界的镜像，基于区块链技术搭建经济体系，将虚拟世界与现实世界在经济系统、社交系统、身份系统上实现密切融合。陈建明先生的著作《元宇宙：互联网终极形态》系统描述了元宇宙所依赖的关键技术和基础设施，元宇宙的主要技术障碍和突破口，以及在元宇宙概念下催生的商机、投资机会等。从企业、投资人、融资者角度看，在互联网流量红利消失、用户增长出现瓶颈以及数字化浪潮的大背景下，元宇宙概念很好地满足了各方想象力的期待。这本书恰好可以回应读者的诸多关切。

——鲍筱斌　弘毅投资董事总经理

计算机技术、通信技术、芯片技术等的发展推动了互联网革命。算力和计算技术、交互技术（VR、AR、XR）、电子游戏技术、人工智能技术、区块链技术、通信技术（5G、6G）、物联网技术等的发展引爆了元宇宙发展的契机。陈建明先生的著作《元宇宙：互联网终极形态》将为元宇宙创新、创业者提供系统的元宇宙认知和资讯。

——刘二海　愉悦资本创始人

元宇宙是在过去二十多年来互联网、大数据、云计算、人工智能、虚拟现实等一系列新兴科技持续发展的基础上，由国内外科技龙头企业发起、倡导和推动的，代表下一个二十年科技产业发展方向的顶层逻辑，是科技与哲学的融合。未来5～10年，数字内容和数字资产有望被重新定义，将孕育出巨大的产业机会，也是专业投资机构不容错过的主要赛道。陈建明先生在科技领域耕耘数十载，是国内最早跟进和实践元宇宙相关产业的资深专家之一。他的著作《元宇宙：互联网终极形态》系统性地介绍了元宇宙的技术体系、治理逻辑以及未来的发展方向，值得拜读！

——吴敏文　盛世景集团董事长

元宇宙是既映射于现实世界，又独立于现实世界的虚拟世界。元宇宙将成为新的"数字引擎"，助推经济加速发展。陈建明先生的新书《元宇宙：互联网终极形态》探讨元宇宙的主要技术障碍和突破口，解读催生的商业机会和投资前景，深入浅出，务实致用，为拥抱元宇宙的企业和个人带来新的指引和路径。陈建明先生数十年来从事互联网＋商业地产的创业与投资，倾力践行产业创新，着眼时代前沿，这本力作值得公众和业界人士研读。

——姜宏斌　普华永道中国合伙人

元宇宙时代即将到来。未来，线下物理世界与线上虚拟数字世界的界限将彻底打通，现实世界和虚拟世界将充分融合，人类将面临现实世界和虚拟世界互融的场景革命。陈建明先生的著作《元宇宙：互联网终极形态》系统解读元宇宙生态下的场景变革趋势、技术、问题，对于探索元宇宙未知场景有很好的指引。

——吴声　场景方法论提出者，场景实验室创始人

随着5G、VR/AR、云计算的建设和发展，现有互联网形态无法解决物理世界和虚拟世界的深度融合需求。信息从二维平面升级为三维全景，带来更强的沉浸感体验，于是"元宇宙"概念应运而生。鉴于元宇宙巨大的商业价值，市场上急需一部由浅入深，由基础到行业深度展望的作品，帮助各行业了解、思考"元宇宙"，迎接"元宇宙"带来的变革和抓住"元宇宙"带来的发展机遇。《元宇宙：互联网终极形态》这一著作，顺应市场需求，内容正是各界所需，必将受到欢迎。

——王占宏　数衍科技创始人兼CEO

时代在蓬勃发展，在新趋势视野下，如何实现全球化，打破区域壁垒，实现资本、资源、要素的流通，从而推动人类文明的前进？陈建明先生的著作《元宇宙：互联网终极形态》，由浅入深讲述了第三代互联网技术——元宇宙，以及由此带来的科技、生活方式、空间场景等多维度、多空间、大纵深、立体化的改变，让我们跟随陈先生的脚步，探寻"元宇宙"的奥秘，解密未知的奇幻世界。

——张春华　柒壹控股董事长

元宇宙是借助人工智能、虚拟现实、云计算、数字孪生、区块链等高科技手段，把物理世界映射到虚拟世界。元宇宙将给未来的科技、生产方式、组织模式甚至社会关系带来革命性的推动和发展。陈建明先生是国内商业地产开发与数字化运营的资深专业人士，他所著的《元宇宙：互联网终极形态》详细介绍元宇宙的概念、图景，所依赖的关键技术和基础设施，以及催生的全产业链商机和投资机会，为加快技术创新与应用提供了宝贵

实用的思路。

——戴戈缨　华发股份副总裁

陈建明先生通过本书为我们展示了一个宏大的新型宇宙视野。很多论证维度和观察视角既出乎意料之外，又在情理之中。面对元宇宙这样一个新事物，他把与之相关的知识有机编制出一个完整框架，同时又不乏创新性的观点和视角，既反映了一个资深互联网专家的宽阔视野和研究深度，又反映了作者不满足于现状的开创精神。

——田锋　安世亚太科技高级副总裁，
《苦旅寻真》《精益研发2.0》《制造业知识工程》作者

元宇宙建立在日趋成熟的AI与Web 3.0技术之上，会对各行各业产生很大的影响。陈建明先生所著的《元宇宙：互联网终极形态》用通俗易懂的语言对元宇宙进行了全面的分析和预测，不但为工业界的应用指明方向，也为科研领域提出核心议题与挑战，是一本面向元宇宙创业和创新工作者的机遇之书。

——孙宇　美国加州州立理工大学计算机系教授，
美国编程思维学院创始人

元宇宙作为第三代互联网，数据和算力是发展的基础。数据和算力需要5G、人工智能、区块链、云计算和大数据技术的融合发展做支持；数据和算力同样和VR、AR、脑机接口、物联网密切相关。协同发展才能有效推进元宇宙持续扩张带来用户规模的沉浸式体验需求。陈建明先生的著作《元宇宙：互联网终极形态》对数据、算力以及去中心化的数据存储都做了深入的解读，构建了系统化的数据思维。

——赵珩　微瑞思创创始人兼CEO

前　言

2021年底，元宇宙（Metaverse）入围《经济学人》（*The Economist*）2022年22大新兴技术。

严格来讲，元宇宙并不是一项技术，而是一个概念；进一步而言，它也不是一个新概念，"元宇宙"一词最早出自美国科幻作家尼尔·斯蒂芬森（Neal Stephenson）1992年出版的科幻小说《雪崩》（*Snow Crash*），作品中主角阿弘用一台特制电脑，戴上耳机和目镜，通过连接终端，以虚拟分身的方式进入由计算机模拟、与真实世界平行的虚拟空间，阿弘的名片上有一个元宇宙地址。

1999年上映的好莱坞电影《黑客帝国》（*The Matrix*）中也描绘了一个类似反乌托邦虚拟世界，人们生活在类似元宇宙的虚拟"矩阵"中。

斯皮尔伯格（Spielberg）执导的电影《头号玩家》（*Ready Player One*）（2018年上映）里有一句经典台词："This is the 'oasis' world, where the only limit is your own imagination."（在这里唯一限制你的是你的想象力。）"这里"指的是主人公打造的虚拟游戏世界——绿洲（oasis），绿洲拥有完整的虚拟社会形态，游戏中人们可以去任何想去的地方，做任何想做的事，通过体感装备甚至可以体验疼痛，凭想象力可以主宰一切。

科幻作品中的虚拟元宇宙世界正一步步向我们靠近，2021年被各界广泛视为元宇宙元年，20多年前概念提出时，元宇宙之所以未能落地，原因在于当时支撑其发展的各项技术还远未成熟。

技术进步是推动元宇宙实现的第一契机，如果说互联网革命的契机是

计算机技术、通信技术、芯片技术等系列技术的集合,那么元宇宙的契机则是算力和计算技术、交互技术[VR(虚拟现实、AR(增强现实)、XR(扩展现实)]、电子游戏技术、人工智能(AI)技术、区块链(blockchain)技术、通信技术(5G、6G)、物联网(internet of things, IoT)技术等的集合,当前这些技术已经获得了长足的发展和进步。

元宇宙是整合多种新技术而产生的新型虚实相融的互联网应用和社会形态。在互联网大时代中,PC(personal computer,个人电脑)互联网是1.0时代,移动互联网是2.0时代,而"元宇宙"将是互联网的3.0时代,也是互联网的终极形态,是人类数字化生存的最高形态。

元宇宙基于扩展现实技术提供沉浸式体验,基于数字孪生(digital twins)技术生成现实世界的镜像,基于区块链技术搭建经济体系,使虚拟世界与现实世界在经济系统、社交系统、身份系统上实现密切融合,且允许每个用户进行内容生产和世界编辑。

据2021年3月在纽约证券交易所上市的"元宇宙概念第一股"Roblox定义,元宇宙包含八大要素:identity(身份)、friends(朋友)、immersive(沉浸感)、low friction(低延迟)、variety(多元化)、anywhere(随地)、economy(经济系统)、civility(文明)。

从字面来看,Metaverse由meta(元)+universe(宇宙)两部分组成,即综合各种技术能力在现实世界基础上搭建一个平行且永续存在的虚拟世界,现实中的人以数字化身的形式进入虚拟时空中生活,同时在虚拟世界中还拥有完整运行的社会和经济系统。

元宇宙不是某个虚拟空间,而是某个数字生活价值大于物理生活价值的奇点时刻,它强调了几个关键点:虚拟经济、去中心化、同步实时、虚拟身份(virtual identity)。通过交互性沉浸技术,我们能在元宇宙中实现全感官的沉浸式体验,拥有数字世界的虚拟"分身"、虚拟身份,可在数字世界里工作、生活、社交、娱乐、创造、交易。简单来讲,人们能在虚拟空间里做现实世界里能做的事情,甚至现实世界做不到的事情,这个宇宙是"元"(meta,即超越)的。

元宇宙是既映射于又独立于现实世界的虚拟世界，它不是虚拟的数字乌托邦，是虚拟世界而不是虚幻世界，是一个真实的、可触摸、可参与其中的数字世界。其中既有现实世界的数字化孪生体，也有虚拟世界的独特创造物。

未来，元宇宙还将赋能线下产业，推动产业链、价值链、创新链迭代升级，每一家现实世界的公司都会打造一个元宇宙中的数字孪生体、数字经济体，而每一家在现实世界中新建的工厂也都会在元宇宙中孪生一个数字工厂，实现产业价值倍增。

现实物理世界的各种要素最终都可以"镜化"到虚拟数字世界中，同时虚拟世界创造的内容，又可以通过不同载体投射到现实世界中，对现实世界产生影响，实现虚实融合、虚实共生、同步发展。

元宇宙还将加快商业模式创新与潜在市场培育，围绕游戏、社交、娱乐、办公、工业、教育、医疗等领域打造创新型应用场景，培育新的市场增长点。

2021年，包括脸书（Facebook）、苹果、谷歌、微软、字节跳动、腾讯、亚马逊、英伟达（Nvidia）、百度、阿里巴巴、Roblox、高通（Qualcomm）、索尼、网易、小米、Epic Games等在内的行业巨头和关联公司，以及大量投资机构、咨询机构，或直接入局元宇宙，或为元宇宙发声站台，包括日本、韩国在内的一些政府和国际组织也在高度关注元宇宙发展动向。

预计未来3～5年，元宇宙将进入探索期，VR/AR、NFT（non fungible token，非同质化代币）、AI产业、云计算（cloud computer）、电子游戏产业、交互硬件、区块链产业、数字孪生城市等领域的渐进式技术突破和商业模式创新将会不断涌现。随着越来越多的行业巨头和资本涌入，在不久的将来，量子计算、GPU（图形处理器）、3D图形引擎、5G和6G、互联网和游戏公司虚拟平台、数字孪生城市、产业元宇宙、工业元宇宙（industrial Metaverse）等领域将会涌现巨大的行业机会，元宇宙市场规模可达数万亿美元，乃至更高。

届时，人们的生活方式、生产模式和组织治理模式都将被重构，元宇宙将同每个人的生活息息相关，就个体而言，则需提前做好筹划、准备，掌握相关的"元"技能，培养元宇宙思维，以适应未来的时代。

在元宇宙推进过程中，将不可避免出现一些不均质的风险和问题，比如社会秩序风险、价值取向风险、金融风险、分配不均问题、数据过载问题、垄断风险等，相关各方需作出预判，给出预案和对策。

展望更终极的未来，线下物理世界与线上虚拟数字世界的界限将彻底打破，现实世界和虚拟世界将充分融合，人类将成为横跨现实世界与虚拟世界的"两栖物种"，甚至，伴随脑机接口（brain computer interface，BCI）技术的不断突破，未来的人类有可能实现意识上传，彻底摆脱对现实物理世界的生理依赖，实现意识上的永生，人类将由碳基生命进化为硅基生命，实现生命的跨越！

目　录

第 1 章　元宇宙：互联网的终极形态 / 1

1.1　元宇宙：超越宇宙的宇宙 / 2
1.2　互联网迭代图谱 / 5
1.2.1　互联网的诞生及其缔造者 / 6
1.2.2　互联网 1.0 时代：PC 互联网 / 9
1.2.3　互联网 2.0 时代：移动互联网 / 11
1.2.4　互联网 3.0 时代：元宇宙时代 / 13

第 2 章　元宇宙的本质：超越现实的虚拟世界 / 15

2.1　元宇宙的内外驱动力 / 16
2.1.1　流量寻找新洼地 / 17
2.1.2　技术渴望新出口 / 19
2.1.3　资本寻找新风口 / 21
2.1.4　用户期待新体验 / 23

2.2　元宇宙四大特性 / 25
2.2.1　时空性：空间虚拟但时间真实的数字世界 / 26
2.2.2　真实性：现实世界数字化复制与虚拟创造 / 27
2.2.3　独立性：连接现实又高度独立的平行空间 / 29

2.2.4 连接性：永续的、广覆盖的虚拟现实系统 / 31

2.3 元宇宙八大要素 / 32

2.3.1 身份：全新的、虚实相生的虚拟身份 / 32

2.3.2 朋友：可以社交，无论是真人还是AI / 34

2.3.3 沉浸感：可以沉浸在其中，忽略外界 / 36

2.3.4 低延迟：在空间范围上进行时间统一 / 38

2.3.5 多元化：体验丰富多彩的内容和世界 / 40

2.3.6 随地：用户随时随地自由进入元宇宙 / 42

2.3.7 经济系统：自成一系的完善经济系统 / 43

2.3.8 文明：演变出元宇宙自身的独特文明 / 46

第 3 章 元宇宙的技术基石与技术突破 / 48

3.1 元宇宙八大支撑技术 / 49

3.1.1 区块链技术：元宇宙的技术基石的核心 / 49

3.1.2 交互技术：VR/AR技术量级以上的突破 / 53

3.1.3 网络和算力技术：5G建设持续快速推进 / 57

3.1.4 通信网络技术：元宇宙将在5G时代爆发 / 60

3.1.5 数字孪生技术：现实和虚拟的交互闭环 / 64

3.1.6 人工智能技术：AI可快速生成海量内容 / 67

3.1.7 物联网技术：形成广泛的数字交互接口 / 70

3.1.8 电子游戏技术：引擎+实时渲染+建模 / 72

3.2 元宇宙的技术障碍与技术突破 / 75

3.2.1 发力基础研究，或迎来技术突破 / 77

3.2.2 元宇宙技术的非线性突破与技术爆炸 / 82

3.2.3 元宇宙领域近年来的技术突破 / 86

3.3 即将被攻克的元宇宙技术壁垒 / 93

3.3.1 边缘计算：弥补元宇宙算力的不足和缺口 / 94

3.3.2　量子计算：科技巨头、学术机构纷纷入局　/　97
　　　3.3.3　6G网络：实现元宇宙真正意义上的身临其境　/　99
　　　3.3.4　脑机接口：现实世界和虚拟世界的终极入口　/　102
　3.4　元宇宙技术耦合的"美第奇效应"　/　104
　　　3.4.1　美第奇效应：技术组合带来的超预期变革　/　104
　　　3.4.2　iPhone：技术创新"连点成线"经典案例　/　106
　　　3.4.3　元宇宙是不断的连点成线的技术创新总和　/　108

第4章　超级生态系统：协作、开放、去中心化　/　111

　4.1　元宇宙生态系统　/　112
　　　4.1.1　开放机制：世界互通的终极方案　/　112
　　　4.1.2　标准协议：统一遵循的底层逻辑　/　114
　　　4.1.3　去中心化：结构和控制去中心化　/　117
　　　4.1.4　多元社会：无数个子宇宙的聚合　/　118
　　　4.1.5　永续存在：不受行业中巨头控制　/　120
　4.2　元宇宙经济系统　/　123
　　　4.2.1　打通虚实之间的价值链　/　123
　　　4.2.2　资产上链：实现资产确权　/　125
　　　4.2.3　价值分配方式的与时俱进　/　128
　　　4.2.4　去中心化自治组织　/　131
　4.3　去中心化的数据存储系统　/　133
　　　4.3.1　不可忽略的数据安全问题　/　133
　　　4.3.2　去中心化的存储方式　/　136
　　　4.3.3　保护好个人数据资产　/　138

第 5 章 元宇宙进化路径、投资机会与行业变局 / 141

5.1 元宇宙的发展周期 / 142

5.2 元宇宙带来的行业变局 / 144

5.2.1 元宇宙时代重点产业方向 / 145
5.2.2 元宇宙将会冲击哪些行业 / 146
5.2.3 元宇宙将带来哪些新职业 / 149

5.3 元宇宙重点关注产业方向 / 152

5.3.1 游戏+VR：靠近元宇宙的最近入口 / 153
5.3.2 NFT 市场：迎来爆发性增长 / 157
5.3.3 元宇宙+零售 / 159
5.3.4 元宇宙+协同办公 / 161
5.3.5 工业元宇宙：元宇宙+制造业 / 164

5.4 科技巨头布局：寻找新的增长极 / 166

5.4.1 字节跳动：基于内容，补全硬件 / 167
5.4.2 英伟达：以 Omniverse 打造开放式云平台 / 170
5.4.3 苹果：AR/VR 领域等待苹果入局 / 172
5.4.4 百度：聚焦 AI、云计算和 VR / 174
5.4.5 腾讯：社交+内容+娱乐的"全真互联网" / 176
5.4.6 阿里巴巴：XR 实验室+元境生生 / 179

5.5 终极元宇宙图景 / 181

5.5.1 从二维到三维 / 182
5.5.2 元宇宙将成为比现实世界更大的经济体 / 185

第 6 章 如何平衡不均质的元宇宙 / 187

6.1 元宇宙的不均质风险 / 188

6.1.1 社会秩序风险：既有社会秩序的挑战与颠覆 / 189

  6.1.2 价值取向风险：虚拟世界与真实世界的边界 / 191

  6.1.3 金融安全风险：虚拟经济系统的公信力问题 / 194

  6.1.4 分配不均风险：或进一步加剧贫富两极分化 / 196

  6.1.5 内在垄断风险：成为商业与资本驱动的僵尸 / 198

  6.1.6 信息过载风险：信息熵超大时代的群体焦虑 / 200

6.2 如何面对不均质的元宇宙 / 202

  6.2.1 当虚拟和现实的边界变得模糊 / 204

  6.2.2 横跨现实与虚拟的"两栖物种" / 208

  6.2.3 当所有经济链条都纳入元宇宙 / 210

  6.2.4 碳基生物能否在元宇宙中永生 / 212

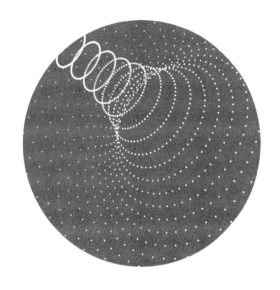

第1章
元宇宙：互联网的终极形态

人类盈余的时间和智慧，在互联网时代汇聚，转化为巨大的能量。

——CCTV纪录片《互联网时代》

1.1 元宇宙：超越宇宙的宇宙

元宇宙，被称为"互联网的终极形态""人类数字化生存的最高形态"，是超越现实世界的虚拟世界。

科幻小说《三体》里有一个论断，人类的面前有两条路：一条向外，通往星辰大海；一条向内，通往虚拟现实。

通往虚拟现实的元宇宙，正在成为继比特币与区块链之后的新浪潮。从国内到国外，从资本圈到科技圈，科技巨头、投资人士、创业新贵都对元宇宙心驰神往。

在科技圈与资本圈的追捧下，元宇宙真的会是堪比移动互联网的划时代机遇吗？

我们看到，先知先觉的互联网巨头已经开始在元宇宙领域悄悄进行布局——

2020年底，腾讯宣布布局"全真互联网"，将打开虚拟世界和真实世界的大门。

2021年3月，号称"元宇宙第一股"的游戏平台Roblox上市首日股票大涨54.4%，市值从一年前的40亿美元（估值）飙升至450亿美元，随后腾讯火速拿下了其中国代理资格。

2021年7月，微软公司在Inspire大会上提出企业元宇宙解决方案。

2021年8月，字节跳动拟斥资约15亿美元收购VR设备公司Pico，入

局元宇宙赛道。

2021年8月，日本社交游戏巨头GREE宣布进军元宇宙领域。

2021年10月，一个名为"柳夜熙"的虚拟美妆主播搭乘元宇宙概念出现在短视频平台上，仅凭两条短视频，即在短短数日内圈粉500余万。

2021年11月，美国社交媒体巨头脸书宣布更名为"元"（Meta），推出VR远程协作办公平台，创始人马克·扎克伯格（Mark Zuckerberg）表示，今后公司将以元宇宙的业务优先。

2021年11月5日，自诩为企业家、演说家的罗永浩发微博宣布下一步将进军元宇宙。

苹果、谷歌、亚马逊等科技巨头也纷纷投入大量资源来概念化"元宇宙"并创建必要的基础设施，在技术上支持"元宇宙"梦想。百度、网易、小米等国内互联网巨头也在抢注相关商标，布局元宇宙。

一些国家的政府部门也高度关注元宇宙发展，2021年7月13日，日本经济产业省发布了《关于虚拟空间行业未来可能性与课题的调查报告》，归纳总结了日本虚拟空间行业亟须解决的问题，以期能在全球虚拟行业中占据主导地位。韩国表现更为积极，韩国财政部计划在2022财年预算中划拨2 000万美元用于开发元宇宙平台，韩国科技部则计划在2025年前投入22亿美元用于支持超连接性及元宇宙相关技术开发。

大受欢迎的元宇宙究竟是什么？

元宇宙其实并不是一个全新的概念，"元宇宙"一词出自美国科幻作家尼尔·斯蒂芬森1992年出版的科幻小说《雪崩》，在这部科幻作品中，主角阿弘通过一台特制的电脑，戴上耳机和目镜，找到连接终端，就能够以虚拟分身的方式进入由计算机模拟、与真实世界平行的另外一个世界——虚拟空间。

所以说，阿弘并非真正身处此地。实际上，他在一个由电脑生成的世界里：电脑将这片天地描绘在他的目镜上，将声音送入他的耳机中。

阿弘的名片上留着各种联系方式：电话号码、全球语音电话定位码、邮政信箱号码、六个电子通信网络上的网址，还有一个元宇宙中的地址。

在《雪崩》描述的平行于现实世界的虚拟世界"Metaverse"中，所有现实生活中的人都有一个网络分身 Avatar（同詹姆斯·卡梅隆执导的科幻电影《阿凡达》），在其中以虚拟身份自由生活。

加拿大著名科幻作家罗伯特·J. 索耶（Robert J. Sawyer）在一次分享中表示，科幻就是科学界的"维基解密"，帮助公众了解前沿研究的潜在意义，"科幻作者并不是凭空想象，我们作出任何推测必须有根有据。很多科幻作者都是在职科学家"。

"元宇宙"一词的创造者尼尔·斯蒂芬森就不仅仅是科幻作家，他还曾在波士顿大学学习过物理学和地理学，对数学、密码学、哲学、货币和科学史等都有所涉猎。

1998 年，《时代》（Time）周刊评选出了 50 位数字英雄[①]，斯蒂芬森位列其中，让他与诸多数字技术创新的杰出人物并列的理由是，他的书塑造和影响了整整一代 IT 人。

只是让这位科幻作家未曾预料的是，他在 20 世纪 90 年代出版的作品，还给 30 多年后的互联网行业预备了两管鸡血——加密货币和元宇宙，这也正是元宇宙席卷全球的力量之源。

科幻作家在作品中编织的"美梦"，极有可能给后来者以启迪、灵感，将其变为现实。元宇宙，便是如此。

从字面来看，Metaverse 由 meta（元）+universe（宇宙）两部分组成，meta 源于希腊语前置词与前缀 μετα，意即"之后""之外""之上""之间"。

中文的"元"是古词，始见于商代甲骨文及商代金文，《说文解字》中说："元，始也，从一从兀。"董仲舒《春秋繁露》曰"元者为万物之本"，简明而传神。

---

① 同期入选数字英雄的还有搜狐创始人张朝阳。

现代"元"的概念则始于 1920 年大卫·希尔伯特（David Hilbert）提出的元数学，元数学即使用数学技术来研究数学本身，包含一种自我指涉的意义，也是后来所有 meta-anything 词汇的核心。当我们谈论某项事物为"元"时，则为我们在自我指涉地谈论某事，也可借用一个公式来描述：元 +A= 关于 A 的 A。

当我们在某个词上添加前缀"元"的时候，比如"元宇宙"，就是"关于宇宙的宇宙"，或指"超越宇宙的宇宙"。

维基百科（Wikipedia）对元宇宙的定义是：通过虚拟增强的物理现实，呈现收敛性和物理持久性特征的，基于未来互联网，具有链接感知和共享特征的 3D 虚拟空间。

我们理解的元宇宙，是整合多种新技术而产生的虚实相融的新型互联网应用和社会形态，它基于 AR、VR、XR 技术提供沉浸式体验，基于数字孪生技术生成现实世界的镜像，基于区块链技术搭建经济体系和去中心化的组织社群体系，将虚拟世界与现实世界在经济系统、社交系统、身份系统上密切融合，实现"虚实融合""虚实共生"。

总结来讲，人们能在元宇宙虚拟空间里做现实世界里能做的几乎所有事情，以及现实物理世界无法做到的事情，这个宇宙是"元"（meta，即超越）的。

1.2 互联网迭代图谱

我国最早探讨宇宙问题的著作是《尸子》[①]："上下四方曰宇，往古来今曰宙。""宇"为空间，"宙"为时间。此为中国古代典籍中所能找出的同现代"宇宙""时空"概念最好的照应。

宇宙，无边无际，是空间和时间的总称，是未知，是危险。而我们，

---

① 尸佼（战国时期著名政治家，诸子百家之一，约公元前 390—前 330 年）所著，商鞅变法期间，尸佼为商鞅的门客，后逃到蜀地，著书立说。

仍可以触摸到一个真实的微型宇宙——互联网。

《雪崩》出版的年代也正是互联网进入公众视野的初始阶段，人们关注这个新生事物所给政治、经济、人性本身带来的重塑与改变，试图赋予其打破工业时代旧秩序、建立新秩序的崇高使命。正如尼古拉斯·尼葛洛庞帝（Nicholas Negroponte）[①]所言，互联网将会"使组织走向扁平化，使社会走向全球化，也会使控制去中心化，同时还将使人群变得更加和谐"。

业内普遍认为，在互联网大时代中，PC 互联网是 1.0 时代，移动互联网是 2.0 时代，而"元宇宙"将开启互联网的 3.0 时代。

在此之前，有必要谈一下互联网的诞生过程以及缔造它的伟大学者。

1.2.1　互联网的诞生及其缔造者

尖端科技通常在军事领域先行突破，国际互联网的诞生也是源于冷战时期的美苏争霸和军备竞赛。

1957 年，苏联成功发射人类历史上第一颗人造卫星"斯普特尼克一号"（Спутник-1），轰动了世界，也震惊了美国。

为了奋起直追，1958 年 2 月，美国国防部组建了一个颇具神秘色彩的科研部门——ARPA（Advanced Research Projects Agency，高级研究计划局）。

20 世纪 60 年代，为了应对苏联日益膨胀的核武库，确保美国在经过苏联第一轮核打击后仍具备一定的生存和反击能力，美国国防部决定研发一种由无数节点构成的分散式指挥系统，即使某些节点被摧毁，其他节点之间仍可保持通信。

接到该任务的是 ARPA 信息处理技术办公室（Information Processing Techniques Office，IPTO）的第一任主管——约瑟夫·利克莱德（Joseph Licklider）。直到 1966 年，来自 NASA（美国航空航天局）的罗伯特·泰

---

① 麻省理工学院媒体实验室创办人，网络预言家，《数字化生存》一书的作者，张朝阳的天使投资人。

勒（Robert Taylor）成为 IPTO 的第三任主管后，该项目才有了实质性突破，新型通信网络项目被 ARPA 命名为"ARPANET"（阿帕网）。

在罗伯特·泰勒力邀下，来自全美范围内的技术天才纷纷加入项目组，包括麻省理工学院（MIT）林肯实验室的计算机天才拉里·罗伯茨（Larry Roberts，被任命为新型通信网络的项目经理和首席架构师）、提出"分布式通信理论"的兰德（Rand）公司科学家保罗·巴兰（P. Baran）、美国加利福尼亚大学洛杉矶分校（UCLA）的分组交换理论专家伦纳德·克兰罗克（L. Kleinrock）等。

在拉里·罗伯茨的推动下，1968 年，美国国防部开启"ARPANET"项目招标，马萨诸塞州的 BBN（Bolt Beranek and Newman Inc.）公司签下了这笔标的额为 100 万美元的订单。

拉里·罗伯茨计划在位于美国西南部的 4 所知名高校中建立四节点网络（表1-1），分别在加利福尼亚大学洛杉矶分校、斯坦福大学研究院（SRI）、加利福尼亚大学圣巴巴拉分校（UCSB）和犹他州立大学（USU）设置大型计算机。

表 1-1 四节点网络分布表

节点	地　　点	主　　机	操作系统
1	加利福尼亚大学洛杉矶分校网络测量中心	SDS SIGMA7	SES
2	斯坦福大学研究院网络信息中心	SDS940	Genie
3	加利福尼亚大学圣巴巴拉分校 Culler-Fried 交互式数学中心	IBM 360/75	OS/MVT
4	犹他州立大学计算学院	DEC PDP-10	Tenex

负责四个节点之间连接、管理和调度的设备是 BBN 公司提供的，采用分组交换技术，通过专门的 IMP（interface message processor）设备和通信线路（由 AT&T 公司提供，速率为 50 kbps）进行连接。

IMP，即接口消息处理机，其基础硬件为霍尼韦尔（Honeywell）公司的 DDP-516 小型计算机，它通过分组交换技术和通信线路（由 AT&T 公司提供）对各节点进行连接，而各个大型主机就不用再直接进行联网，因此，

IMP 也被视为最初的路由器。

1969 年 10 月，两台 IMP 率先运抵加利福尼亚大学洛杉矶分校和斯坦福大学研究院。

1969 年 10 月 29 日是一个值得纪念的历史时刻，当晚加利福尼亚大学洛杉矶分校教授伦纳德·克兰罗克尝试向斯坦福大学研究院研究员比尔·杜瓦传递一个包含五个字母的单词 LOGIN，意为"登录"。在输到字母 G 的时候，仪表显示传输系统突然崩溃，通信无法继续进行，只有"LO"两个字母被成功传输，ARPA 网出现的第一条信息是"LO"，它也成为世界上第一个互联网络的传输信息（后来在系统修复后，LOGIN 这个单词最终被完整地传输过去）。

"伟大的历史时刻，常常出人意料的简单"，这是后人对该事件的评价。

1969 年 12 月，最后一台 IMP 在第四节点犹他州立大学安装成功。ARPANET 正式启用，人类社会正式进入"网络时代"。

1972 年，BBN 公司的罗伯特·卡恩（Robert E. Kahn）加入 ARPA。同年，罗伯特·卡恩在国际计算机通信大会（ICCC）上成功地演示了 ARPANET 网络，这也是 ARPANET 的首次公开亮相。

罗伯特·卡恩提出了开放式网络框架，从而出现了大家熟知的 TCP/IP（传输控制协议/网际协议）。1983 年 1 月 1 日，所有连入 ARPANET 的主机（已经超过 100 台，遍布美国大陆）实现了从 NCP（网络控制协议）向 TCP/IP 的转换，从此确立了 TCP/IP 在网络互联领域不可动摇的地位，基于 TCP/IP 的公网的发展进一步推动了互联网的发展。

1991 年 8 月 6 日，位于瑞士日内瓦的欧洲核子研究中心（CERN）的英国物理学家蒂姆·伯纳斯·李（Tim Berners-Lee），正式提出了 World Wide Web，即 www 万维网，他设计了第一个网页浏览器，并建立了世界上第一个 Web 网站。

1992 年，全球范围内的几个因特网（Internet）组织合并，成立国际互联网协会（ISOC）。此时的因特网，已经拥有超过 100 万台主机，且持续

呈指数级疯狂增长。

Internet成为真正意义上的全球互联网，大踏步迈入人们的生活。

需特别提及的是，1987年9月20日，钱天白教授通过互联网发出了我国第一封电子邮件"越过长城，通向世界"，拉开了中国人使用Internet的序幕。

1990年10月，钱天白教授代表中国正式在国际互联网络信息中心（InterNIC）的前身DDN-NIC（国防数据网络信息中心）注册登记了我国的顶级域名CN，由此开通了使用中国顶级域名CN的国际电子邮件服务，因特网在我国进入快速发展时期。

1.2.2 互联网1.0时代：PC互联网

国际互联网开通后很长一段时间内，联网的设备都是大型机、小型机，价格昂贵、体积巨大，多为财力雄厚的组织和政府机构所拥有。

1971年，世界上首款个人电脑Kenbak-1诞生，由约翰·布兰肯巴克（John V. Blankenbaker）使用标准的中规模和小规模集成电路设计而成，没有微处理器，而且内存较小，作为教育工具出售，售价为750美元，最后仅仅售出了几十台，和现代个人电脑动辄数千万台、上亿台的销量不可同日而语。

从严格意义上讲，IBM（国际商用机器）公司于1981年8月12日推出的IBM5150才称得上真正意义上的个人电脑，尽管它的重量仍高达11.34千克，仅键盘就重达2千克，但这些缺陷并不妨碍它的划时代意义——开启了个人电脑和微型计算机的时代，PC互联网的时代也就此揭幕，互联网逐渐进入普罗大众的生活。

随着技术的不断突破，个人电脑体积越来越小、重量越来越轻、售价越来越低，20世纪90年代终于迎来互联网大发展时代。

1994年5月21日，在钱天白教授和德国卡尔斯鲁厄大学的协助下，中国科学院计算机网络信息中心完成了中国国家顶级域名（CN）服务器的设置，改变了中国的 CN 顶级域名服务器一直放在国外的历史。

1994 年，中国第一个全国性 TCP/IP 互联网工程正式建成，标志中国正式进入互联网时代。

1996 年 1 月，ChinaNet 全国骨干网建成并正式开通，全国范围的公用计算机互联网络开始提供服务。

1998 年堪称中国互联网的破局元年，这一年，Windows 98 操作系统（OS）横空出世，将浏览器中的 Web 页面设计思路引入计算机操作系统中；拉里·佩奇（Larry Page）和谢尔盖·布林（Sergey Brin）在美国加利福尼亚州郊区的车库内建立了谷歌；美国华裔青年杨致远将雅虎的业务带入中国，被认为从很大程度上刺激了中国初代互联网企业的诞生。

在中国，1998 年，张朝阳创办搜狐；四通利方宣布并购华渊资讯网，成立了全球最大的华人网站新浪；网易在这一年将定位由软件销售公司转型为门户网站；当年还名不见经传的腾讯也已在深圳悄然扎根。

与此同时，一种全新的零售业态——电子商务，也在悄悄萌芽。

1998 年 3 月 6 日 15 时 30 分，媒体人王轲平通过中国银行网站，从世纪互联公司成功购买了 10 小时的上网时间，完成了中国第一单网上电子交易的支付。

自此，卖家的商品和买家通过互联网平台实现了连接。

1999 年，阿里巴巴、当当、京东、8848 等电子商务网站先后创立，电商在这一年真正进入实质化商业阶段。同年创立的互联网公司还有百度、携程、盛大、天涯社区等中国互联网历史上举足轻重的角色。

PC 互联网高速实时传递信息的优势，使得在线搜索、网络新闻、即时通信、电子商务、电子邮件、在线游戏等应用迅速普及，互联网用户迅速增加，据 CNNIC（中国互联网络信息中心）的数据，截至 1999 年 12 月 31 日，中国上网用户数约为 890 万；到 2005 年，中国的网民数量就已经达到了 1.11 亿人，在人口中的渗透率达到了 9% 左右。

虚拟的网络世界开始进入越来越多人的生活，人们的生活场景不再只是局限于现实世界，开始越来越频繁地在网络中社交、获取资讯、购物、娱乐。

1.2.3 互联网2.0时代：移动互联网

根据传播学的"S曲线扩散理论"①，一种新产品或服务通常会经历"起步→渗透率迅速提升→逐渐饱和"的曲线推移，PC互联网和移动互联网都呈现了类似的扩散过程。

2006年，互联网开始加速在人群中渗透增长，2005—2011年期间，国内互联网网民CAGR（compound annual growth rate，复合年均增长率）达到30%，网民数量突破5.1亿人，在中国总人口中的渗透率达到38%。其后，电脑带来的用户增长开始逐渐放缓，增量用户的主要推动力开始切换为智能手机。

以用户数量要素衡量，PC互联网在国内的扩散过程基本上终结于2012年，走完了S形曲线。

从CNNIC统计的互联网接入方式来看，在2011年之前，用户接入互联网的主要设备是电脑（台式机和笔记本电脑），而2011年通过智能手机上网的用户比例达到了69.3%，并在2012年正式以74.5%的比例超过了台式电脑的70.6%，宣告了移动互联网时代的来临。

在此期间，互联网基础设施和硬件设施也得到了长足的进步和突破，移动通信技术的发展加速了互联网的迭代，3G网络奠定了移动互联网发展的基础，该阶段的2007年，具有颠覆意义的智能手机iPhone 1发布，智能手机这一互联网移动端接入设备迅速普及。

2010年，史蒂夫·乔布斯（Steve Jobs）在大洋彼岸的美国发布了划时代的产品iPhone 4智能手机，标志着世界正式进入移动互联网时代。而中国进入移动互联网的时代稍稍晚一些，有学者认为开启的标志为2011年小米手机发布。

2013年前后，4G网络在国内全面投入使用，移动互联网的黄金时代来临。

根据CNNIC数据，2007年到2017年10年间，我国手机网民的复合

---

① 描述创新扩散过程。在扩散早期，用户很少，进展很慢；当用户人数扩大到居民的10%～25%时，进展突然加快，曲线迅速上升并保持这一趋势，即所谓的"起飞期"；在接近饱和点时，进展又会减缓。整个过程类似于一条S形的曲线。

年均增长率为31%，2017年用户达到7.5亿人。2015年，有超过九成的网民通过智能手机上网，2017年这一比例达到了97%，我国网民上网的主要终端设备已经切换为智能手机。

同PC互联网相比，移动互联网完全是一个不同的概念，它不啻于互联网的再造。

第一，操作系统平台不同。PC互联网是基于几乎全球唯一的Windows平台（收费、封闭不开放），移动互联网则拥有iOS、Android、WP、黑莓等多种系统平台，其中Android系统是免费、开放的，还因此诞生了手机ROM（机身存储空间）产业，移动互联网应用乃至整个生态迭代升级的速度都更快。

第二，硬件终端不同。PC互联网的基础硬件为台式机、笔记本电脑，移动互联网则是智能手机的天下，"随时随地、永不下线"是智能手机的优势，它的使用不受时间地点限制，但会受电池容量、网络覆盖等因素制约。移动终端具有位移、定位、NFC（近场通信）、二维码、支付、便携等特性，能够产生比PC更丰富的互联网应用和商业模式。

第三，入口不同。PC互联网的主要入口是浏览器，而移动互联网的主要入口则是App。

第四，产业格局不同。PC互联网时代，各厂商各司其职、泾渭分明，如芯片厂商英特尔和IBM、HP、联想等PC厂商负责硬件系统，微软负责OS，运营商提供网络，谷歌、腾讯等互联网企业负责相关互联网应用的提供。在移动互联网时代，终端厂商、OS提供商、应用服务商、互联网企业和运营商开始大肆争夺产业主导权，都向对方领地渗透，试图占据价值链的优势位置，如谷歌、微软这样的软件公司也开始做终端，硬件厂商则尝试做OS和应用，运营商也试图做应用。

移动互联网时代，造就了苹果、Facebook、Twitter（推特）、字节跳动、小米、滴滴、美团、拼多多、快手等新互联网巨头，在PC互联网时代的国内互联网三巨头"B（百度）A（阿里巴巴）T（腾讯）"，阿里巴巴和腾讯持续辉煌，打造了丰富的生态系统和企业版图，而百度则相对掉队，市

值远低于阿里巴巴和腾讯①，不过当前百度正在发力人工智能，它能否在下一代互联网——元宇宙时代再次崛起，让我们拭目以待。

1.2.4 互联网3.0时代：元宇宙时代

互联网的崛起，彻底改变了人们的生活方式和科学范式。移动互联网的快速发展，给人们带来了各种各样的颠覆性体验和便利，在智能手机普及之前，大多数人无法想象仅凭一部移动终端就可以实现衣、食、住、行上的无数功能，带来前所未有的体验。

在对智能手机依赖度越来越高的当前，让我们再畅想一下10年后的世界，又会是一幅怎样的图景？

未来的科技进步和互联网迭代或许会远超我们的想象空间和语言边界。

当前，移动互联网的S曲线扩散即告终结，移动互联网的流量红利正在逐步枯竭，下一阶段的互联网究竟是什么？物联网、产业互联网都谈不上革命性的变化，只是对移动互联网的修补与完善。

真正意义上的第三代互联网（互联网3.0）将是元宇宙，元宇宙被众多科技大佬奉为下一代互联网的门票，是未来互联网产业升级的大方向。

2021年可被视为元宇宙的"奇点"时刻，被看作元宇宙的元年，是相关要素的"群聚效应"（critical mass）②，类似1998年国内PC互联网阶段所经历的"群聚效应"。

元宇宙资深研究专家马修·鲍尔（Matthew Ball）提出："元宇宙是一个和移动互联网同等级别的概念。"

脸书创始人兼首席执行官扎克伯格表示："元宇宙是跨越许多公司甚至整个科技行业的愿景，你可以把它看作移动互联网的继任者。"

谷歌联合创始人谢尔盖·布林则坚信："元宇宙是未来几年一定会发

---

① 截至2021年11月28日，百度市值为532.74亿美元，阿里巴巴市值为3 618.53亿美元，腾讯市值为4.45万亿港元，约合5 704.9亿美元。
② 社会动力学名词，用来描述在一个社会系统里，某件事情的存在已达至一个足够的动量，使它能够自我维持，并为往后的成长提供动力。

生的事情，小说（指《雪崩》）预见了即将发生的事情。"

30年前，科幻小说《雪崩》为读者勾勒出了这样一个未来——

只要戴上耳机和目镜，找到一个终端，就可以通过连接，进入由计算机模拟的另一个三维"现实"，每个人都可以在这个与真实世界平行的虚拟空间中拥有自己的分身（Avatar）。在这个虚拟世界中，现实世界的所有事物都被数字化复制，人们可以在虚拟世界中做任何现实生活中的事情，比如逛街、吃饭、发虚拟朋友圈，此外，人们还可以完成真实世界里不能实现的"野心"，比如瞬时移动。

20多年来，上述"虚拟实境"，以及电影《黑客帝国》中矩阵模拟的人类世界、电影《头号玩家》里的虚拟游戏世界"绿洲"等理念成了无数网络工程师追求的终极梦想，技术的进步和工程师的努力，正一步步令"虚拟实境"成为现实的元宇宙。

结合科幻作品、影视作品以及科技巨头和学者们的描述，我们可以对元宇宙作出以下大胆想象："人们的思维借助某种终端设备进入虚拟世界，社交、娱乐等形式从文字、视频等进化为实时交互，人们在虚拟世界从一个网名、一个图像进化为虚拟人（介于虚拟和现实之间的人类新形态）。元宇宙打造的虚拟世界，或可依据计算机运算速度、人脑思维速度单独计时，虚拟世界文明的演化速度很可能超越现实世界，那是一个'永不下线'的全新世界。"

这将是一个伟大的时刻！未来智库在一份研究报告中这样描述元宇宙的地位："沉浸感、参与度都达到顶峰的元宇宙，或许将会是互联网的终极形态。"

更进一步，我们认为，元宇宙不只是下一代互联网，是互联网的终极形态，更是未来人类的生活方式，是人类数字化生存的最高形态。

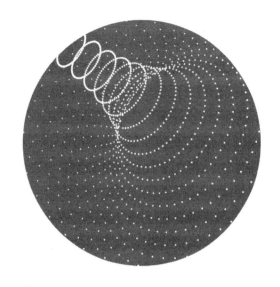

第 2 章
元宇宙的本质：超越现实的虚拟世界

> Metaverse 不等同于"虚拟空间""虚拟经济"，或仅仅是一种游戏抑或 UGC 平台。将有一个始终在线的实时世界，有无限量的人们可以同时参与其中。它将有完整运行的经济，跨越实体和数字世界。
>
> ——风险投资家　马修·鲍尔

2.1 元宇宙的内外驱动力

元宇宙是既映射于又独立于现实世界的虚拟世界,是超越现实的虚拟世界。

元宇宙概念源于科幻作品,2021年元宇宙浪潮的再次兴起不是凭空而生,"流量寻找新洼地,技术渴望新出口,资本寻找新风口,用户期待新体验"是元宇宙浪潮爆发的主要驱动因素。

从流量层面看,移动互联网时代的流量红利已经消失,互联网巨头和资本需要寻找新的流量出口和投资风口。

从需求层面看,新冠肺炎疫情弱化了人们在物理世界的来往,增加了其对虚拟世界的交互需求。同时,互联网时代所带给人们的二维平面体验也存在升维需求,可带来三维乃至更高维度体验的元宇宙是最佳载体。

从技术层面看,云计算、虚拟现实、增强现实、5G、人工智能、区块链、数字孪生等底层技术,尤其是元宇宙关键入口之一的交互技术和硬件设备的发展与突破,为元宇宙的实现提供了最重要的可能性。

从资源层面看,华为人坚持"集中密集炮火,饱和攻击,28年坚定不移只对准通信这个'城墙口'冲锋",才有了华为在通信领域的领先地位。当前,国内外大量科技巨头、互联网公司、元宇宙创业公司、投资机构正在集中资金、资源瞄准元宇宙"城墙口"冲锋,元宇宙领域的突破只是个时间问题。

2.1.1 流量寻找新洼地

2021年10月31日,一条元宇宙概念的虚拟人短视频"炸"翻了短视频行业。

一个名为"柳夜熙"的抖音账号发布了一条短视频,一个会捉妖的虚拟美妆达人横空出世。

视频中,一名虚拟形象的女子在街头当众化妆,路人纷纷驻足观看、拍照。一个小男孩壮着胆子走上前与女子搭话:"你在这里化这么丑的妆,是想吓人吗?"女子笑着解释,称自己化的是美妆,还用化妆笔为小男孩画上了眼妆,"现在,我看到的世界,你也能看到了"。随后,在小男孩眼中,街道上方开始闪现各路妖怪。一个妖怪向男孩袭来时,女子迅速使用手中的化妆工具收服了妖怪,同时道出了自己的真实身份,"我,叫柳夜熙",视频至此在仙鹤图案和赛博朋克的荧光质感中戛然而止,留给观者无限的想象空间。

截至2021年底,该账号总计发布两条短视频,播放量超4亿,获赞超1 000万,涨粉超550万,创造了又一个"流量神话"。在短视频平台,很多媒体人和品牌运营商数年往往都很难达到这种效果,其流量收割能力,让公众对"虚拟人"+"元宇宙"概念有了进一步的认知。

"柳夜熙"的一战成名也让其背后的公司创壹科技进入人们的视线,其实,"剧情+特效"的短视频模式一直是创壹科技的拿手好戏。几年前,创壹科技旗下的抖音账号"慧慧周"就曾因"控雨"特效一炮而红。随后,"慧慧周"账号又结合了剧情内容,陆续打造出"翅膀""下车转场"等爆款视频,点赞量均在百万以上,有的视频数据甚至不输"柳夜熙"。目前,"慧慧周"在抖音已有1 400多万粉丝,属抖音特效赛道的头部账号。

运营"柳夜熙"的创壹科技团队在复盘该案例时认为:"柳夜熙"的爆红有50%是因为元宇宙的概念热度,30%是因为其2.5次元的设定和视频制作的技术水平,20%是因为视频创意和世界观的搭建。

让"柳夜熙"出圈和收割流量的关键因素是元宇宙。

互联网圈内有一句至理名言:"你的产品要么赚钱,要么赚流量!"

互联网的本质是流量生意,互联网的流量直白来说就是用户,它是互联网公司的核心资产和核心命脉。

但在2017年后,中国移动端网民规模基本达到饱和,互联网行业的流量蛋糕大小基本固定,流量红利随之消失。在此背景下,想要获得新流量,就是存量的竞争和行业内卷①,竞争的直接后果是互联网行业获取流量的成本在不断攀升。

随着流量进入存量市场与《中华人民共和国数据安全法》正式实施落地,平台的流量越来越贵,公域流量的获取与变现越来越难,2016年是线上流量红利时代的转折点,原来流量唾手可得的时代一去不复返。到2017年初,互联网线上获客成本急剧增加,从1元、2元提高至5元、10元,电商领域的获客成本更高,某些电商平台获客成本高达200元/人,极端的甚至超过1 500元(表2-1)。

表2-1　主要电商平台获客成本② 　　　　　元/人

电商平台	2016年	2017年	2018年	2019年
阿里巴巴	526	279	390	536.06
京东	142	226	1 503	757.77
拼多多		7	77	197.15
唯品会	184	523	1 200	-289.23

当前,不仅线下遭遇了客流荒,线上也出现了流量荒,流量红利消失、流量成本居高不下成了全域的流量危机。

严峻的流量现状倒逼全行业都在积极寻找流量洼地,而在流量红利殆尽的当下,从元宇宙的虚拟世界中,大家或许最终能找到新一代的流量密码。另一个例证是:2020年,美国流行歌手Travis Scott(特拉维斯·斯科

---

① 内卷,原为学术名词,指一类文化模式达到某种最终形态后,既无法稳定下来,也无法转变为新的形态,只能不断地在内部变得更加复杂的现象;此处指同行竞相付出更多努力以争夺有限资源,从而导致"收益努力比"下降的现象,可以理解为努力的"通货膨胀"。
② 数据来源:《新京报》,国泰君安研究院(唯品会2019年获客成本为负是由于当年第一季度用户环比负增长)。

特）在元宇宙概念游戏《堡垒之夜》（*Fortnite*）[①]中举办了一场虚拟演唱会，吸引了多达1 230万名的观众，远超传统线下演唱会的观众量。

2.1.2 技术渴望新出口

1992年《雪崩》中提到的概念"元宇宙"，何以到2021年再次爆火，进入更多人的视线？

本质上是由于技术的驱动，技术永远是驱动人类社会走向更美好的原动力。元宇宙的实现，关键在于技术能力。

风险投资人马修·鲍尔定义的元宇宙框架包含八个技术栈：硬件、网络层、计算力、虚拟平台、协议（protocol）和标准、元宇宙内容服务和资产、支付方式、消费者行为（图2-1）。

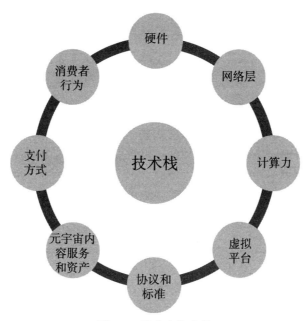

图2-1 元宇宙技术栈

---

① 由Epic Games公司开发，是一款第三人称射击游戏，因特殊的玩法与各种联动彩蛋而在国外有着极高的知名度，已成为现象级游戏。Epic Games公司一直试图证明其是一种"元宇宙"或"体验"，而不是游戏。

如果将其进行分类，硬件、网络层、计算力是奠定元宇宙根基的技术基石；虚拟平台、协议和标准、支付方式是搭建元宇宙世界的底层框架；元宇宙内容服务和资产、消费者行为则是元宇宙的具体应用。

从技术侧看，《雪崩》中首次出现的"元宇宙"，其实现必须依赖信息革命、互联网革命、人工智能革命的最新科技成果，借助包括游戏引擎在内的虚拟现实技术，构建平行于现实世界的虚拟世界的数字孪生技术，它囊括了包括区块链技术在内的所有数字新技术，并将引发信息科学、量子科学、计算科学、数学和生命科学等学科的互动，改变了科学分析范式，需要各项技术的相互作用、交叉融合。

而在1992年，元宇宙赖以实现的技术还远未成熟。时间的车轮运转到2021年，人们发现元宇宙的支撑技术已经有了实质性的突破。

就好比万事俱备，只欠东风，技术已经初步具备，而元宇宙就是技术所渴望的应用出口和"东风"。

根据腾讯CEO（首席执行官）马化腾在《三观》序言中所述，目前从实时通信到音视频等一系列技术已经准备好，计算能力快速提升，推动信息接触、人机交互的模式发生更加丰富的变化，VR等新技术、新的硬件和软件在不同场景下的推动，即将迎来下一波全真互联网的升级。

从技术支撑角度衡量，元宇宙不是一个新的概念，它更像是一个经典概念的重生，是在扩展现实、区块链、云计算、数字孪生等新技术下的概念具化和重生。

就如同量子力学一样，区块链、芯片、5G、云计算、AI、VR、AR这些独立的未来技术和产业，正在元宇宙的引力作用下逐渐实现统一。

不过，当前技术条件仍然处于触摸元宇宙时代门槛的初级阶段，未来随着通信和算力、交互方式、内容生产、经济系统和标准协议等技术和应用的突破，元宇宙的技术门槛也将不断降低，将陆续拉近我们与元宇宙时代的距离，同时元宇宙在现实世界实现更大范围的渗透有望成为可能，从而进一步提升用户的沉浸式使用体验。

2.1.3 资本寻找新风口

2011 年，雷军同许达来[①]共同创立顺为资本，管理三只基金，出资人主要来自主权基金、家族基金、大学基金会等国际顶级投资机构。

顺为这个名字，取自顺势而为，同雷军的风口理论（又称飞猪理论）如出一辙，强调无论做任何事情，不管创业也好、投资也好，还是做别的，都要顺势而为。在一个对的方向、对的势头里，成功概率要高得多。

许达来表示："作为投资人，如果能够找到处于风口的企业，最起码证明你的投资不是和这个时代南辕北辙。但你还要考察团队、商业模式等方面，否则很可能你的投资会是风口下的牺牲者。"

判断趋势、寻找风口、捕捉投资机会，是资本和投资人的基本素养。

2009 年春季，在北京郊区"长城脚下的公社"酒店，红杉中国召开了主题为 Mobile Only 的主题年会，以 Mobile（移动）为主题，是因为红杉中国担心自己所投的 PC 互联网时代的公司会在移动互联网时代被抛弃，红杉资本全球执行合伙人沈南鹏表示："如果 CEO 没有意识到必须站在全新角度想产品的话，这将是非常非常危险的，Mobile Only，这个主题我不知道怎么翻译合适，我们就是想给大家一个警醒，新的移动互联网时代要到来了。"

这次会议被认为是红杉资本全面拥抱移动互联网的讯号，2009 年开始，红杉资本开始全面投资移动互联网领域的公司，涵盖衣、食、住、行各个行业，投资对象包括美团、唯品会、饿了么、滴滴出行、拼多多、字节跳动[②]等移动互联网时代的核心公司，为红杉中国抢到了移动互联网时代的入场券。

从投资人、融资者角度看，在移动互联网用户出现增长瓶颈、发展乏力和数字化浪潮的大背景下，元宇宙的概念和故事很好地满足了想象力的期待，成了新的投资风口。

---

① 北京顺为资本投资咨询有限公司 CEO。2019 年 10 月，入选"2019 年中国最具影响力的 30 位投资人"榜单。
② 在字节跳动进行 A 轮融资时，红杉资本放弃了投资，介入的是 B 轮融资，让沈南鹏深为遗憾。

在一级资本市场——

2021年3月11日，移动沙盒平台开发商MetaApp宣布完成1亿美元C轮融资。

2021年5月28日，云游戏技术服务商海马云完成2.8亿元的新一轮融资。

2021年8月，字节跳动用远超市场估值的价格，花费90亿元收购VR设备公司Pico，被认为是布局元宇宙的关键之举。

2021年11月2日，NFT游戏公司The Sandbox获得9 300万美元融资；元宇宙社交应用Flickplay完成500万美元融资；游戏元宇宙生态系统Project SEED则宣布完成310万美元私募融资。

2021年11月3日，元宇宙平台SecondLive宣布以3 000万美元估值完成种子轮融资，获得BSC 10亿美元增长基金以及Binance Labs的资金支持。

2021年11月4日，区块链游戏开发平台Enjin成立1亿美元Efinity元宇宙基金，该基金将用于Metaverse项目、游戏、NFT应用等项目。

在二级资本市场——

元宇宙概念第一股Roblox上市后，股价一路飙升，2021年11月26日其股价已达122.65美元/股，市值高达709.94亿美元。

2021年4月13日，打造出全球热门爆款游戏《堡垒之夜》的美国游戏开发商Epic Games，对外宣布完成新一轮融资，融资金额达10亿美元，公司估值也随之攀升至287亿美元，较2020年完成上一轮融资时的估值增长66%。Epic Games公司表示，本轮融资将用于支持未来的增长机会，助力公司打造元宇宙。

在国内资本市场，"元宇宙"概念股也备受资金追捧，表现最为突出的是 A 股游戏公司中青宝，凭借"元宇宙"概念，中青宝在 4 个交易日（2021 年 9 月 7—10 日）上涨了 80.6%。

事情回溯至 2021 年 9 月 6 日，中青宝宣布将推出虚拟与现实联动模拟经营类"元宇宙游戏"《酿酒大师》，玩家可以在游戏中经营酒厂、酿酒，酿的酒还可以到线下兑换真酒。同时，玩家打造的酒厂品牌将会获得 NFT[①] 认证，玩家可以通过圈子内部拍卖获得收益，也可以在更大的平台进行拍卖交易。

中青宝推出的元宇宙概念游戏，点燃了资本市场的热情，同时也带动了其他"元宇宙"概念股的上涨，如汤姆猫 [推出元宇宙形象"会说话的汤姆猫"IP（知识产权）]、宝通科技、昆仑万维、盛天网络等出现了跟涨。

真实世界的内卷是造成元宇宙概念涌现，并被很多投资人埋单的重要客观原因，也许我们距离元宇宙世界还有一段距离，但这并不能打消资本市场上的狂欢。而资本的争相入局，也势必会加速元宇宙的建设和普及，进而促进数字经济与实体经济实现更深层次的融合，也为实体企业开辟全新的发展空间。

2.1.4 用户期待新体验

心理学家卡尔·荣格（Carl Jung）说："人一旦与神话王国疏远，随之而来的，就是人的生存状况被降到纯粹的事实层面——这就是心智疾病的主要成因。"按照常人的理解，人脱离了现实才会精神错乱，而荣格的逻辑却恰恰相反：人完全陷于现实，才会有各种心理疾病。

历史学家罗伯特·贝拉（Robert Bellah）也提道："没有人能够完全地生活在日常和现实之中，人总要用各种方式，哪怕是暂时地离开现实。无论是做梦、游戏、旅行、艺术、宗教还是科学探索，都是为了能够脱离和

---

① NFT，全称为 non-fungible token，指非同质化代币，是用于表示数字资产（包括 jpg 和视频剪辑形式）的唯一加密货币令牌，可以买卖。现实世界的一切物品均可通过 NFT 连接到区块链世界，这是 NFT 最硬核的价值所在。

超越现实,而到达一个彼岸的世界。人性的本质便是要超越人的自然性,勇敢地站在现实的对立面。人类并不只是被动地接受一个临在的实然世界,更能想象一个超越的应然世界,而科技则是从实然到应然通往彼岸的桥梁,科技让我们通向一个更值得梦想的未来。"

元宇宙为人们离开现实、超越现实提供了一个更为理想的去处,同时也带来了更立体的沉浸式体验。

2020年发生的疫情延缓了人们的脚步,也点燃了社会各界对元宇宙空前的热情,从需求层面看,新冠肺炎疫情减弱了人们在物理世界的联系,加强了在虚拟世界的交互需求。清华大学新媒体研究中心发布的《2020—2021元宇宙发展研究报告》指出,新冠肺炎疫情隔离政策下,全社会上网时长大幅增长,"宅经济"快速发展。线上生活由原先短时间的例外状态变为常态,由现实世界的补充变成了与现实世界平行的世界,给用户带来了全新的体验。

疫情后的线上生活,让用户充分体验了足不出户就可以吃喝玩乐、上班、求学。未来,当越来越多的现实世界的实体基础设施投射到线上虚拟世界,全球将有几百数千万、上亿人在元宇宙里生活,生态系统越来越丰富,体验越来越真实,人们的生活很可能是现实生活和元宇宙生活并存。

疫情期间,由于各国的封锁令,《堡垒之夜》的玩家数量暴涨。2020年5月,《堡垒之夜》已拥有3.5亿注册玩家。其中,许多人是所谓的Y世代(1980—1995年出生的人群)和Z世代(1995—2010年出生的人群)。NRG(Nuclear Research and Consultancy Group,荷兰核研究与咨询集团)指出,10岁到17岁的年轻人每周至少将25%的休闲时间花在玩《堡垒之夜》上,这一比例高于其他任何娱乐形式。数码制作公司Media Monks的创意董事总经理Henry Cowling说:"在某些方面,《堡垒之夜》是新的Facebook。"

值得关注的是,Y世代最明显的标签是经历了个人电脑和互联网的迅速普及,基于互联网带来的诸多变革与对高科技的掌握,大多自信、乐观、执着、坦率、有主见、见识广,喜欢追求新奇的体验,是PC互联网时代和移动互联网时代科技进步的主要用户。

而 Z 世代则是数字技术的原住民，互联网和数码产品是他们与生俱来及日常生活的一部分，在技术革命的推动下，Z 世代的生活方式已经发生了质的变化，他们的性格也更加自我独立，更加关注体验感，带来了"YOLO（You Only Live Once）文化"[①]。他们将是元宇宙时代的"原住民"，更追求颠覆性的体验感。

潜在用户期待更新的体验，是驱动元宇宙变为现实的一个重要因素。

2.2 元宇宙四大特性

美国计算机专家、赛博朋克作家弗诺·文奇（Vernor Steffen Vinge）在其 1981 年出版的小说《真名实姓》中，构思了一个通过脑机接口进入并获得感官体验的虚拟世界。

小说《雪崩》进一步提出了元宇宙的概念，描绘了元宇宙的雏形：一个平行于现实世界的虚拟赛博空间，用户戴上耳机和目镜，就可以虚拟分身的方式进入虚拟世界。

结合小说家的概念启蒙，我们可以从时空性、真实性、独立性、连接性四个维度去定义元宇宙——

从时空性上看，元宇宙是一个平行于现实世界的虚拟世界，它在空间维度上是虚拟的，时间维度上是真实的、是同步于现实世界的。

从真实性上看，元宇宙中既有现实世界的数字孪生体，也有虚拟世界的全新创造。

从独立性来看，元宇宙是一个同现实世界紧密关联、互为映射、虚实相生，又高度独立的平行虚拟空间。

从连接性来看，元宇宙是一个将现实世界（的一切）、用户、终端都连接起来的永续的虚拟现实世界。

[①] 你只活一次。你想做什么就放手去做，不要留下遗憾，因为你只活一次。

2.2.1 时空性：空间虚拟但时间真实的数字世界

1930年，牛津大学一位教授批改试卷之余，灵光闪现，信手在空白稿纸上写下了一句话：

In a hole in the ground there lived a hobbit（在地底的洞府中，住着一个霍比特人）[①]。

这名英国教授便是现代奇幻文学的开山鼻祖——现代奇幻作家J. R. R. 托尔金（John Ronald Reuel Tolkien，1892—1973），他开创了现代奇幻文学的先河，创作了一系列拥有相同架空世界背景设定的奇幻小说。托尔金将这些作品中相同的架空世界背景命名为"第二世界"，这种背景设定为其后的奇幻文学创立了一种范式。

托尔金的代表作品有《霍比特人》和《魔戒》等，小说在全球的销量超1亿册，由小说改编的电影在全球也收割了将近60亿美元的票房。

从元宇宙的视角衡量，托尔金提出的"第二世界"空间似乎已经先《雪崩》50多年迈进了虚拟世界。

在作品中，托尔金架空了一块大陆和世界——中土世界，名称来自古英语中的middangeard，字面含义是"中间的土地"，意指"人类居住的陆地"。在中土世界发生的故事，有《霍比特人》《魔戒》和《精灵宝钻》等。

不过托尔金的中土世界并不能称为元宇宙，虽然它在时空上与真实世界平行存在，但它是完全架空和独立的，人们无法参与其中。

相比托尔金构思的中土世界，元宇宙则是一个平行于现实世界，又独立于现实世界的虚拟空间，是映射现实世界的在线虚拟世界，是更为真实的数字虚拟世界。

更为重要的一点，人们可以参与到虚拟世界中，在这一空间，用户能

---

① 这句话在英语世界的独特地位和位置，类似中文语境中的"此开卷第一回也""天下大势，合久必分，分久必合"。

够以数字代码形成的虚拟化身穿梭自如,构建自己的"王国"。

日趋成熟的区块链技术加速了这一平行世界的构建,在区块链技术出现之前,元宇宙构建的虚拟空间只是游戏场景,这在一些如《堡垒之夜》《魔兽世界》等 3A 大作中已经实现。有了区块链技术的加持,虚拟游戏就相当于有了虚拟经济系统的基础设施,虚拟世界和现实世界之间的桥梁得以打通,才能构建出一个与现实世界并行的平行世界。

平行世界是现实世界在虚拟世界的延伸,现实世界中人的社会活动和经济活动都可以蔓延到虚拟世界当中。比如,元宇宙中可以引入虚拟角色 IP,作为一种新的营销模式,其已经在游戏《堡垒之夜》中有了成功的先例。例如,美国说唱歌手特拉维斯·斯科特在《堡垒之夜》的一场直播虚拟演出中,有超过 1 200 万名玩家参加,创造了游戏史上音乐现场最高同时在线观看人数纪录。

在表演期间,斯科特穿着限量版 Cactus Jack Nike Jordan 1,逼真的人物建模、超越现场舞美的特效给玩家带来惊艳的体验。演出结束后,一些周边商品在实体店中出售,斯科特还发布了虚拟巡回演唱会的 T 恤。

元宇宙的概念变得越来越清晰:它在时间上是真实的,空间上是虚拟的,是在时空两个维度都和真实世界处于平行状态的数字世界。人类则以某种意识"映射"的方式进入、存在和生活于元宇宙之中。

● 2.2.2 真实性:现实世界数字化复制与虚拟创造

在哲学层面,让·波德里亚(Jean Baudrillard)[①]的"拟象"可看作元宇宙概念雏形。在他看来,真实与虚拟经过无数次内爆后,现实成为由符码和模型所建构的"超真实"拟象。

这种现实与虚拟间的映射关系可以借抽象代数表达,以 R 代表现实世界的客体元素集合,R' 代表虚拟世界元素集合,那么

---

① 法国哲学家、现代社会思想家、后现代理论家,"知识的恐怖主义者"。其 1976 年出版的《象征交换与死亡》一书被公认为后现代理论与文化研究的最重要、最经典的阐述之一。

$$拟象 \geq 现实世界(R) + 虚拟世界(R')$$

虚拟世界映射的是现实世界,虽然是虚拟的,但它的确是由真实的多种技术革命创造的另一种世界,是完全平行于真实世界的另一个"真实"世界。

元宇宙是一个与现实世界平行,并与现实世界交互的虚拟世界,又或者说是现实世界的一种"高级映射"。在这个虚拟世界里面有新的人物角色、经济、社交、文明和社会形态等,它既独立于现实世界又与现实世界互补,在其中我们可以做现实中能做的事,也能做现实中做不到的事。

比如:元宇宙模拟的平行世界中,我们能身临其境体验到各种街景建筑等,这是"实物"。但需要导航的时候,眼前可能会直接出现指引方向的箭头,智能导航就是"虚拟效果"。实物+附加信息的虚实融合或许才是元宇宙的精髓。

无论是真实世界还是虚拟世界,所带给用户的体验都是真实的,就体验的丰富性、多元化、沉浸度而言,虚拟世界所带来的体验甚至远超现实的物理世界。

元宇宙是可供大家长期共同生活的虚拟现实环境,是一个由无数新型组织、传统公司、机构、个人参与的分布式"全真"社会。我们可以将元宇宙视作一个实体化的互联网。它的真实性表现在以下几方面。

第一,元宇宙是一个承载虚拟活动的平台,用户能进行社交、娱乐、创作、展示、教育、交易等社会性、精神性活动。

第二,元宇宙为用户提供丰富的消费内容、公平的创作平台、可靠的经济系统、沉浸式的交互体验。

第三,元宇宙能够寄托人的情感,让用户在心理上产生归属感。用户可以在元宇宙体验不同的内容,结交数字世界的好友,创造自己的作品,进行交易、教育、开会等社会活动。

元宇宙不是虚无的、空洞的,它甚至会创造出远超现实物理世界的全新价值。现实世界中的资源,将通过数字孪生技术,实现在虚拟世界中的映射,形成数字孪生生态系统。人们可以在虚拟世界中数字孪生生态系统的基础上，进行建设、创新、创造，打造出迥异于现实世界的虚拟生态，创造出虚拟价值。到一定程度，人们在虚拟世界中所创造的生态和价值，还可以反作用于现实世界，在现实中也产生相应的价值和增量，从而实现一种真实物理世界和虚拟数字世界"互相作用、虚实相生"的效果。

Roblox 的品牌合作副总裁 Christina Wootton 曾表示："元宇宙比游戏更重要。我们正在引入这种新型的人类共同体验。这是一个身临其境的地方，人们可以来到这里，彼此联系，共享虚拟体验。他们可以一起做事，比如工作、学习、玩耍、购物和体验娱乐。"

某种意义上说，元宇宙指向的是社会文明在虚拟空间的复制、重塑与创造。在这一点上，虽然元宇宙的表现形式是虚拟的，但实际上囊括了现实世界经济、政治、文化、科技等各个方面的内容，并在元宇宙中进化、创造，乃至反哺、影响现实社会，是进阶版的数字社会。

2.2.3 独立性：连接现实又高度独立的平行空间

2020 年 5 月，受新冠肺炎疫情影响，加利福尼亚大学伯克利分校无法在现场举行毕业典礼，学校决定将毕业典礼搬到线上，伯克利的学生组成了一个超过 100 人的团队，在沙盒游戏《我的世界》（*MineCraft*）[①] 里重建了虚拟版本的校园、老师、学生，搭建了一个同真实校园高度一致的独立虚拟世界，而学生则以虚拟人物（《我的世界》中一切场景均由方形像素块搭建而成）的身份来参加，完成了这场别开生面的毕业典礼。

《我的世界》是一款接近元宇宙概念的经典自由沙盒游戏，游戏中有三大平行世界，即三个维度的世界，它们分别是主世界、末地、下界，三大世界独立存在，通过传送门来建立联系，玩家可以在各大世界中自由地探险。

如同《我的世界》，元宇宙也是一个与外部真实世界既紧密相连又高度独立的平行空间。

---

① 由总部位于瑞典首都斯德哥尔摩的电子游戏开发商 Mojang 开发。

据前文描述,元有自我指涉地谈论某事的含义,元宇宙本身即有独立宇宙、独立空间的意思。

元宇宙包含"超越宇宙"的概念:一个平行于现实世界运行的人造空间,是互联网的下一个阶段,由AR、VR、3D等技术支持的虚拟现实的网络世界。元宇宙无法完全脱离现实世界,它平行于现实世界,与之互通,但又独立于现实世界,人们可以在其中进行真实的社交、娱乐和工作。

元宇宙的独立性表现在四个方面。

第一,独立的自我创造。在元宇宙中,用户不再按照现实规则和上层意志去生活,而是在虚拟数字世界中自由探索、自由改造、自由创造自己的"小宇宙"。元宇宙的活动大多以用户为中心开展,而非围绕一个中心,具有明显的去中心化特征。未来元宇宙中的内容将是去中介、跨平台、完全由用户创造的独立的虚拟世界,吻合互联网3.0概念。

第二,独立的新型社交。在元宇宙,用户可以获得完全独立、迥异于现实世界的社交体验,朋友的概念将突破空间、年龄的界限,用户可以结识自己想要认识的任何一个元宇宙用户,只要能够触达对方并得到回应。用户可以在元宇宙的世界各地自由地看展览、旅游、参加各种秀场,和虚拟世界中的居民随机、偶然地成为朋友。

第三,独特的沉浸式体验。理想的元宇宙是零延迟的,带给人们完全沉浸式的全息体验,永远不会关停,而且没有地理空间的限制,元宇宙可以容纳无数的虚拟化身,无压力举办海量用户参与的海量活动。

第四,独立的社会存在。元宇宙中有独立于现实社会的全新虚拟社会、虚拟经济模式乃至虚拟文明。在虚拟社会中,人们可以从事现实社会中所能做的一切事情,娱乐、社交、工作、创作、交易,甚至能开创一些现实社会所没有的全新尝试,获得全新的体验。例如在经济方面,元宇宙有和现实世界相似的元素,但也有创新。虚拟世界中虚拟数字土地的拍卖、开发和租赁,在游戏中可以获得奖励,与传统游戏中的花钱模式不同,在游戏中赚钱(真正意义上的赚钱,而非传统游戏、互联网中获得的微不足道的收益)是元宇宙的典型经济模式。

2.2.4 连接性：永续的、广覆盖的虚拟现实系统

2G 网络，解决了人与人之间的语音通信问题。3G 网络，解决了信息文本的交互问题。4G 网络，解决了图像传输的问题。5G 网络，则加速了万物互联。

万物互联会产生数据洪流，数据将呈现爆炸性增长，5G 通信技术因其速度快、连接数高、延迟低，为万物互联创造了底层技术环境。

元宇宙场景，从连接性看，它是一个将网络、硬件终端和海量用户，甚至现实世界中的一切都囊括进去的广覆盖的、永续的虚拟现实系统。

元宇宙场景的实现，起于万物互联，如涂鸦智能联合创始人兼 COO（首席运营官）杨懿所说，"元宇宙如果落到真实世界，所有事物都需要有一个通用的连接层串联在一起。连接的本质，就是设备能够形成互联互通的体系，是真实世界与元宇宙之间在数据层、应用层、交互层上的关联。"

20 世纪 60 年代的年轻人曾寄希望于将离群索居的公社连接起来组成一个人人平等的乌托邦，元宇宙对于这个理想的升级就是通过提供广覆盖的、永续的、万物互联的虚拟系统使其有所依托，提供场景和工具使其降低创造门槛，并借助区块链技术和 NFT 创造一个真正的平行世界。

每个用户都能在平行世界中成为大世界或者一个小世界的构建者，进行社交、娱乐、创作、展示、教育、交易等社会性、精神性活动。元宇宙为用户提供丰富的消费内容、公平的创作平台、可靠的经济系统、沉浸式的交互体验。元宇宙能够寄托人的情感，让用户有心理上的归属感。用户可以在元宇宙体验不同的内容，结交数字世界的好友，拥有自己的乌托邦和世外桃源。

总结其概念本质，可以认为元宇宙是——

在传统网络空间基础上，伴随多种数字技术成熟度的提升，构建形成的既映射于又独立于现实世界的虚拟世界。同时，元宇宙并非一个简单的

虚拟空间，而是把网络、硬件终端和用户囊括进一个永续的、广覆盖的虚拟现实系统之中，系统中既有现实世界的数字化复制物，也有虚拟世界的创造物。

2.3 元宇宙八大要素

"元宇宙第一股"Roblox是首个将"元宇宙"概念写进招股说明书的公司。Roblox提到，元宇宙术语通常用来描述虚拟宇宙中持久的、共享的三维虚拟空间。随着越来越强大的计算设备、云计算和高带宽互联网链接的出现，元宇宙将逐步变为现实，而Roblox已经构建出了元宇宙的雏形。

Roblox首席执行官大卫·巴斯祖基（David Baszucki）提出了通向"元宇宙"的八个关键特征，即身份、朋友、沉浸感、低延迟、多元化、随地、经济系统、文明。

2.3.1 身份：全新的、虚实相生的虚拟身份

元宇宙生态系统包含了以用户为中心的要素，例如头像、身份、内容创作、虚拟经济、社会可接受性、安全和隐私以及信任和责任。

自称是"灵魂社交""将打造社交元宇宙"的陌生人社交应用Soul，可为用户提供一个"虚拟身份"，用户可以在Soul构建的社区中进行社交和互动，不受现实物理世界中的颜值、经济、空间等影响。

在小说《雪崩》中，虚拟分身被称为Avatar，是用户进入虚拟世界的通行证。

身份是构建起元宇宙完整生态的第一步，正是基于虚拟身份这一主体，才有元宇宙所构建的虚拟世界，就好比我们在现实当中，正是因为有"我"这一身体，我们才能觉知到外面世界的一切一样。

用户在元宇宙中的虚拟身份同现实世界中的真实身份存在多种关系，

万向区块链首席经济学家邹传伟博士将其划分为三种类型。

第一,一一映射。现实世界的用户身份同元宇宙虚拟世界的用户身份一一对应、一一映射、完全挂钩。

第二,相互独立。现实世界的用户身份同元宇宙虚拟世界的用户身份互相独立、完全脱钩。

第三,多重映射,集成身份。用户除了在现实世界中拥有身份标识(身份证、生物特征、职务、地位等社会关系)外,在元宇宙中还将拥有自己的虚拟身份、数字分身,真实身份同虚拟身份之间相互影响。该类型将是元宇宙用户虚拟身份的常态。

真实身份和虚拟身份之间多重映射,在NFT和区块链加密货币的加持下,现实世界和虚拟世界有了共同承认且可以自由流转的财产,使得用户具备了集成身份,能够在现实世界和元宇宙虚拟世界中同时生存,元宇宙也就具备了同现实世界相互影响、虚实相生的魔力。

虚拟身份是用户在元宇宙中的数字身份,不同于用户在传统互联网平台上的数字账号,比如在Twitter、Facebook、微信、抖音上的社交账号,在亚马逊、京东、天猫、拼多多上的数字账号,用户的身份信息会被记录在上述账号中,其行为和消费记录等数据也会被平台记录,但以上信息和数据只是用户数字身份的一部分,同元宇宙中用户的虚拟身份、数字身份存在着质的区别——

首先,元宇宙中,用户是以独立的、独特的数字身份参与其中,而传统互联网平台上的用户数字账号并不具有独立性,仍然要依附于线下的真实身份。

其次,数字账号不享有平台的权利,也不承担责任和义务。对平台的规则制定,数字账号没有任何权限,只能被动遵循。而元宇宙中的数字用户可以自由参与游戏规则的制定,可以创造独特的玩法,可以创造自己的世界。

2.3.2 朋友：可以社交，无论是真人还是AI

美国作家理查德·耶茨（Richard Yates）在《十一种孤独》中写道："所谓孤独，就是你面对的那个人，他的情绪和你自己的情绪，不在同一个频率。"

孤独是现实世界所有个体都无法回避的状态，翻开布满密密麻麻名字的通讯录，但又没有人可以倾诉衷肠，孤独感于是倍增。

现实世界无法化解的孤独感，需要一个新的宣泄口。

于是虚拟的互联网世界所承载的一个重要功能便是社交。

从进化角度划分，互联网社交大致经历了三个阶段。

1. 社交网络 1.0 时代

1996 年 11 月，以色列公司 Mirabilis 推出了 ICQ 即时通信软件。两年多之后，即 1999 年 2 月，腾讯公司推出了腾讯 OICQ（意为 Open ICQ），供国内用户使用，QQ 开启了社交网络 1.0 时代。

该时期的社交网络以陌生人社交、娱乐社交为主，社交软件不具备用户资料的储存功能，用户使用时可以随时切换身份，在今天这是不可想象的。现实社会中的真实社会关系也没有投射到互联网社交上。

2. 社交网络 2.0 时代

Facebook、校内网等的出现，标志着社交网络正式从 1.0 时代跨进了 2.0 时代，用户开始以真实的身份进入互联网，现实中的社会关系正式线上化，网络社交对象从陌生网友开始过渡到现实中的家人、同学、同事、朋友。网络身份由虚拟变为真实。

社交网络 2.0 时代，腾讯确立了霸主地位，定位为"短视频社交软件"的字节跳动，开始在社交这一核心战场同腾讯发生战略竞争。

3. 社交网络 3.0 时代

元宇宙将实现社交网络从 2.0 时代向 3.0 时代的飞跃，相对平面化、二维化的社交网络 1.0、2.0 时代，元宇宙时代的社交网络将呈现出立体化、多维化、沉浸式的特点，每个用户都拥有自己的虚拟形象、虚拟身份、虚拟分身，能够体验比现实社会更加丰富的娱乐、休闲、办公、游戏、创造场景，是一个基于现实的大型三维在线世界。

在元宇宙，用户可以同真人交朋友，也可以同 AI 交朋友[①]，可以前往地球上任何一个角落，进行社交，结识朋友。在元宇宙，远在天边的朋友可以近在眼前，共同探索世界，发起挑战，战胜困难。

Facebook 在元宇宙的重要尝试——Horizon 就承载了 3.0 时代的社交需求，它类似电影《头号玩家》里玩家通过虚拟现实平台"绿洲"进行交流的社群服务，用户以 VR 头戴设备 Oculus Quest[②] 或 Oculus Rift 登录，通过创建代表个人的虚拟现实身份在虚拟社群中进行交互。用户在其中与好友们沉浸在虚拟空间里，或者打造类似游戏世界之类的社交空间，而这些空间是相互连接的。

Facebook 对 Horizon 的描述是："一个由整个社区设计和打造的不断扩张的虚拟体验宇宙。"而从测试体验视频来看，它更像是现代化的"第二人生"、第一人称的"模拟人生"和 VR 版本的 Roblox。

玩家们在其中的形象是卡通半身角色，从用户定位上看，Horizon 是为 Oculus 用户设计的一个聚会、一起玩和共同创造的平台，与创造一个可持续空间不同的是，该游戏由不同的房间（被称为世界，Worlds）组成，最高一次可支持 8 名玩家。

在游戏里，用户添加好友的方式是在自己的世界里增加合作者，实时合作，共同打造和测试"世界"，随时交流想法。

如果从体验上看，Horizon 实际上最接近人们对元宇宙的想象。比如在简单易用的工具帮助下，创作者既可以打造一个有围墙的密闭空间，也可以创造一个巨大的冒险区域，甚至可以打造出不同的世界，将它们连接起来，体验者能够在不同世界间自由传送。

不过，Facebook 对它的定位却更多在社交层面。

Facebook Reality Labs Experiences 的产品营销主管梅根·菲茨杰拉德

---

① 元宇宙中的 AI 可能是完全通过图灵测试的，根本无法分辨对方是真人还是机器。
② Facebook 公司打造的 VR 终端设备。

（Meaghan Fitzgerald）提道："元宇宙对不同的人来说有着不一样的定义，哪怕我们内部也有不同看法，我们把它看作一个在 VR 环境中鼓励更多社交互动的机会，它让虚拟现实里的社交参与更有深度、更丰富。"

Facebook Reality Labs Experiences 的产品总监阿里·格兰特（Ari Grant）则认为，"它是一个给用户带来全新记忆的行为式社交网络，而非分享式社交网络，现在的社交网络是做不到的。我相信社交的下一个趋势是和对你有意义的人一起、进行你感兴趣的体验，并建立关系。"

和对你有意义的人一起、进行你感兴趣的体验，并建立关系，这是元宇宙社交网络 3.0 时代用户对朋友的突出诉求。

2.3.3 沉浸感：可以沉浸在其中，忽略外界

人类对虚拟的元宇宙确实有需求，并愿意沉浸其中。

古希腊的游吟诗人抚琴讲述英雄故事，《诗三百》浅唱低吟"窈窕淑女，君子好逑"，莎士比亚的话剧里，巫婆轻轻搅动为麦克白熬制的毒药……

文学作品、影视剧里的故事，我们只能通过二维文字、图像观摩别人的人生，当元宇宙时代来临，我们可以在虚拟世界里扮演任何一个我们喜欢的角色，以交互的方式沉浸式体验各种人物的人生。

如果给元宇宙贴一个最典型的标签，无疑就是参与度和沉浸感。

沉浸感在游戏环境中最常被提及，因为游戏最容易给人带来沉浸感。

5 世纪，古希腊历史学家希罗多德（希腊语：HPO△OTOΣ）在《历史》一书中记录过这样一个小故事：

大约 3 000 年前，在小亚细亚的吕底亚出现了全国范围的大饥荒。起初，人们只能被动接受命运的安排，忍饥挨饿。由于饥荒的长时间持续，吕底亚人创造了一个奇怪的补救方法来抵御饥饿——掷骰子（最早的游戏）。吕底亚人先用一天的时间全神贯注玩掷骰子，以忘记饥饿和对食物的渴望。第二天则用来吃东西，克制对游戏的欲望。等到第三天，对游戏的欲望又

会让他们忘记饥饿……如此周而复始，借助这个方法，他们熬过了18年的大饥荒。

游戏甚至可以令人忘了饥饿，因为它容易让人产生沉浸感，进入心流状态[①]。

相较于传统的游戏，互动类游戏、应用中的玩家有更强的参与感和互动性，也有更深度的沉浸式体验。

试想，如果未来的游戏或互联网，能够让用户以第一人称视角参与其中，参与对话和决策，最终获得不同的走向和结局，那会不会更有沉浸感和吸引力呢？

目前这种体验较多出现在游戏中，如果再通过元宇宙的一些硬件设施将这种沉浸感放大，是不是会成为未来一种主流的体验方式？相信其独特视角和表现方式会为用户带来更新奇的体验。

Brown和Cairns将沉浸感简单地定义为"参与游戏的程度"。Coomans和Timmermans则将沉浸感概括为"当人们进入一个虚拟世界但感觉仿佛进入一个真实世界"的一种深入的参与感，这个定义被很多人所接受。

对沉浸感广义的定义即是参考人们对虚拟游戏的参与程度或者是切断或脱离现实世界进入虚拟世界的程度。

元宇宙带给用户的沉浸感，也是脱离现实世界进入虚拟世界的切断程度、脱离程度、真实程度。当用户能够沉浸在元宇宙的体验当中，会感觉周遭的一切都是真实的。这种体验主要靠高分辨率的VR设备结合元宇宙中720度全景多维内容来实现。

未来，当我们进入一些经典作品所构建的虚拟世界中，并以第一人称视角开放式地探索和体验这个世界，从中感受主人公的喜怒哀乐，这种沉浸式体验剧情或许是元宇宙的一个重要应用方向。

当然，元宇宙的沉浸式体验远不仅限于这些。随着人机交互技术的不

---

① 一种将个人精神力完全投注在某种活动上的感觉，也就是废寝忘食的状态，心流产生的同时会有高度兴奋及充实感。

断突破以及元宇宙更丰富场景和应用的构建，它带给用户的沉浸式体验是超出想象的。

2.3.4 低延迟：在空间范围上进行时间统一

网络用户渴望拥有"低延迟、高速率、高品质"的网络连接，然而由于实际网络运行过程中的信号覆盖不均、网络时强时弱、掉线卡顿等问题层出不穷，网络延迟的问题时有发生。

随着5G、云计算和半导体等技术的成熟，元宇宙虚拟环境中的实时通信能力将大幅度提升，支撑大规模用户同时在线，确保较低延迟，实现沉浸性更强的体验感。

元宇宙网络的延迟性取决于三个因素：带宽（bandwidth）、延迟（latency）和可靠性（reliability）。

1. 带宽

网络带宽并不是通常所说的"网速"，而是用来衡量单位时间内能够传输多少数据。同样的时间内，带宽越高，传输数据量越大。高带宽的价值在于能够在单位时间内传输更多的数据和内容。

元宇宙场景对带宽的需求远超当前的互联网应用，举例来说，过去2D游戏的配套网络带宽往往只有数十KB。后来宽带扩容至百兆千兆带宽，就可以运行3D画质、上百人联机的游戏，单位时间内传输的数据量有了数百上千倍的提升。

元宇宙时代需要满足无数上线的用户同时运行，为其提供低延迟的沉浸式体验，对带宽的要求之高是可以想象的。

2. 延迟

延迟这一概念很直观，即数据从A点到B点所用的时间，如果预期的时间阈值为10秒，那么超过10秒的传输时间就被定义为高延迟，反之就是低延迟。

低延迟是实现元宇宙场景的一个最基本要求，元宇宙世界最强调的是无时无刻的同步，否则就会影响用户的沉浸感体验。

当前的互联网用户对延迟有着较高的忍耐度，上网冲浪、观看短视频、玩网游、视频通话中出现不同程度的网络卡顿和延迟，都是常见且可以容忍的。

但在元宇宙时代，低延迟将是标配，高延迟将会大大影响用户的体验感。试想，如果用户已经实际做出了某个动作，但由于网络延迟而降低了数据传输速度，元宇宙中的行为功亏一篑，那将是怎样的场景和体验。

为降低延迟，当前很多元宇宙概念的游戏大多采取降低像素、画质的折中手段，确保体验的顺畅。Roblox 里的游戏画面延迟就很低，因为像素级别较低，颗粒度很大，对算力的要求不高，普通的电脑也能够承受，如果画面很精细，许多电脑的运转速度就根本无法达到要求。

3. 可靠性

可靠性是一种整体考量，比如为了确保低延迟而牺牲画质的行为，再比如 5G 网络时代为了确保特殊场景下网络的畅通而临时将 5G 网络降速至 4G 网络，就是为了确保系统的可靠而采取的折中措施。

可靠性是底线，如果可靠性都无法保障，元宇宙场景所提供的体验质量将会大打折扣。

想象一下，在元宇宙的虚拟世界里，无数用户的每个面部动作、每个手势、每个嘴唇动作都必须实时复制，才能让每个虚拟化身看起来栩栩如生。以足够快的速度传输如此巨大的数据并避免延迟，不仅需要新的网络基础设施，还需要相应的协议和标准，当前的技术水平和相应的标准尚难以满足元宇宙对数据传输的低延迟要求。

通常，延迟在固定线路光纤网络上并不是什么大问题，在移动网络上，即便是 5G 网络也会出现延迟。模拟数据显示，在最糟糕的情况下，5G 网络的延迟可能会上升到数百毫秒，会严重破坏元宇宙体验。

为解决延迟的问题，像《堡垒之夜》这样的元宇宙概念游戏会借助预测手段，即预测玩家下一步的动向，提前作出预判、预案，在游戏中即使出现一些延迟，也不会影响玩家的整体体验。

在 Ball Metverse Research Partners 的联合创始人杰瑞·海因茨（Jerry

Heinz）看来，即使是今天的海量数据中心和越来越快的宽带网络也不能满足元宇宙的需求。他说："我认为我们面临的最大挑战是基础层面的挑战。你需要高度并行、高度持久的体验，这种体验的规模和程度是我们以前从未见过的。在网络层面上，这很有趣，但我们也面临在整个网络历史中所遇到的相同挑战，包括如何降低延迟、提高带宽和可靠性。"

在可以预见的未来，随着越来越多的资本和科技公司入局，未来的网络通信技术和相关标准、协议也会日渐完善，网络延迟高的问题也会得到逐渐缓解。

2.3.5　多元化：体验丰富多彩的内容和世界

文森特·莫斯可（Vincent Mosco）[①] 在《数字化崇拜：迷思权力与赛博空间》中写道："正如牛顿所描述的，宇宙被视为是一座巨大的钟表，受制于一系列相互牵制的机器零件，今天的宇宙正日益被看作是一台巨大的电脑。"

相反，元宇宙则是借助计算机和网络技术打造的虚拟数字空间，可以将之想象成一种时间和空间都接近无限的宇宙。莫斯可的观点近乎宇宙的计算机化，而元宇宙则是计算机和网络技术的宇宙化，它是面向人类自身所创造出的多元化虚拟世界。

元宇宙依赖其场景和内容设计，可为用户提供海量、丰富、差异化的内容和体验，每个人在其中都能各得其所，找到自己的归宿和元宇宙。

元宇宙是一个庞大的体系，是和传统物理世界平行的全息数字世界，其内容的丰富程度将远超想象，这些内容将会以实时生成、实时体验、实时反馈的方式提供给用户，让参与者体验现实世界所体验不到的丰富多彩的人生。

1. 元宇宙不止一个

元宇宙是去中心化的，我们看到，脸书正在打造自己的元宇宙，微软

[①] 加拿大皇后大学社会学系传播与社会研究员（research chair）。

也在着力创造元宇宙产品，国内的互联网企业腾讯、字节跳动也都在打造各自的元宇宙版图。

未来的元宇宙，绝不止一个，而会有无数个。其中有科技巨头打造的元宇宙，有国家和行业组织打造的元宇宙，甚至也有个体所建立的元宇宙，元宇宙不会由类似《雪崩》里的"计算机协会全球多媒体协议组织"垄断经营，而会形成去中心化的、多元化的元宇宙群，或者说是"多元宇宙"。

人们可以在多个元宇宙中来回穿梭、自由切换。

2. 丰富的生态

在感官体验上，元宇宙不再是以图片、文字、视频为主的信息流，而是一种具象化的、沉浸式的"拟态空间"，底层是编程语言和算法，外在视觉则是对物理世界的复现、改造和超越。

元宇宙将赋能所有行业、领域，推动价值链和产业链升级，通过智能合约、数字孪生技术在元宇宙重生，打造全新的虚拟数字经济系统，让大众在元宇宙中获得经济收入成为现实。

在元宇宙里，我们可以看到各式各样的以假乱真的公路、广场、博物馆、车辆等，身处其中，可以按照意愿进行各种人类、非人类甚至超人类活动。

所谓元宇宙，既要有"宇宙"，又要有"元"，而"元"的本意就是"超越"。元宇宙必须提供超越现实世界的丰富体验，才算触摸到了元宇宙。

3. 海量的内容

元宇宙拥有海量的内容供用户体验。

一方面，它要归因于人工智能带来的创作升级。

随着人工智能的发展，数字内容创作智能化水平将不断提升。AIGC（AI-generated content），即由人工智能创作内容，将成为内容产业未来主要生产力之一。低代码、零代码、自动化生成内容将是主要趋势。这将大幅降低创作门槛及创作成本，原来只有行业专家才能使用的创作工具，未来每个人都能轻松使用，创作市场将从小众走向大众。

另一方面，元宇宙应用也鼓励共创。

Roblox 就有着非常庞大的创作者规模,全球有超过 700 万活跃创作者,Roblox 能吸引庞大的创作者,在于无门槛注册和全免费的模式,降低了游戏创作的门槛,还为创作者提供了稳定的分账模式。这是 Roblox 不同于其他游戏,更接近"元宇宙"概念的重点所在。

4. 独特的体验

在元宇宙,人们甚至能够体验到在真实世界无法获得的独特体验。

Roblox 的联合创始人及 CEO 大卫·巴斯祖基曾表述,"元宇宙"就是一个人们可以花大量时间工作、娱乐和学习的虚拟空间。他还多次谈过"元宇宙"的愿景:"当你研究内战的时候,很久以前,你会去研究百科全书。现在,人们会去看视频或书籍。未来,想象你可以参与到内战中,亲身去体验,去了解。""将来,Roblox 的用户不仅能够在平台上读到关于古罗马的书籍,甚至还可以参观在'元宇宙'中重建的历史名城,在城里闲逛。"

显然,如果没有多元化的生态,没有丰富多彩、经常更新的内容,元宇宙的用户黏性就不存在。

2.3.6 随地:用户随时随地自由进入元宇宙

随地,即用户能够借助身边的设备随时随地连接互联网,登录元宇宙,瞬时沉浸其中。就如同电影《头号玩家》中描述的场景——

未来某一天,人们可以在现实物理世界和虚拟数字世界之间随时切换身份,在虚拟世界中学习、工作、交友、购物、旅游等。

元宇宙作为平行于现实物理世界的数字虚拟世界,一个重要特征是临场感(presence)。马克·扎克伯格指出:"元宇宙的首要目的不是让人们更多地参与互联网,而是使人们更自然地参与互联网。"

用户如何才能更自然地参与互联网?这不仅仅反映在各种技术设备(如 AR、VR、XR 等)所带给用户的临场感,更表现在用户能够随时随地登录元宇宙的能力。

1. 借助各种设备随时随地进入元宇宙

进入元宇宙的通行证不仅是各种 VR、AR，也包括各种个人电脑、移动终端和游戏机。

随着物联网技术的普及，未来，人们同互联网和元宇宙的交互方式将会进一步扩展到联网的各种智能穿戴设备、智能汽车、智能家居等。

这一方面能够确保用户随时随地进入元宇宙，另一方面也能让元宇宙捕捉更多来自现实世界的信息。

2. 自由穿梭元宇宙

元宇宙中的各种小宇宙和世界是相通的，可以在其中的任意世界实现实时实地的穿梭。可以瞬时去海外同客户签署合同，而下一刻则直接出现在撒哈拉沙漠之中，或者切换到爱琴海的海边欣赏美景。

3. 随时随地进行交易

元宇宙完善的经济系统可以将需要交易的物体、作品放置于任意场景中，而不再局限于线下亚马逊、淘宝之类的交易市场，实现去中心化，随时随地发生。

同时，支付方式也在发生革新，基于区块链和 NFT 技术的交易系统可以实现"万物交易"，人与人之间、人与机器之间、机器与机器之间都能实现即时交易。

2.3.7 经济系统：自成一系的完善经济系统

在元宇宙，现实世界和虚拟世界将无缝融合，可以获得沉浸式的全息体验，可通过各自的数字虚拟分身在其中进行学习、生活、工作、娱乐乃至繁衍生息。

元宇宙和现实世界平行，又高度逼近现实世界，元宇宙赖以运转的核心在于能够可靠可信地承载用户的虚拟身份和数字资产。因此，元宇宙需要和现实一样，要有一套能够稳定运转的经济系统，具备让用户能够安全参与其中且权益得以保障的底层逻辑。

元宇宙的经济系统和现实世界的经济系统要实现相互映射，使得元宇宙形成与现实生活类似甚至更高的经济文化繁荣，同时还需要与现实经济体系形成关联，互联互通，可以兑换结转。真正的元宇宙就是一个基于虚拟与现实互通、互动、互换、互融的社会形态与生活方式。

一个独立的经济系统包含两个方面：一是系统内部有完整商品流通和交易内循环；二是对外的商品需求和供给因素，不会干涉或者不能大范围影响到系统的内部循环。

建立了经济系统，在元宇宙中，任何人都可以放心进行创作、生产、投资、交易，和现实世界中的类似活动完全没有区别。用户通过以上活动能够获得回报，创造的虚拟物品、创作成果能够转化为数字资产，且虚拟权益能够得到保障。比如用户在元宇宙中建造的虚拟房子，不受平台限制能够轻松交易，换成元宇宙或者真实宇宙的其他物品，其价格由元宇宙中市场决定。

元宇宙经济系统可以视为人类数字经济发展的延伸。随着互联网的发展和普及以及用户使用习惯的养成，加之2020年疫情进一步促进社会生产和生活线上化进程，数字经济迎来第二次发展高潮。

在这样的契机下，元宇宙称得上数字经济的绝佳机遇和最佳载体。虚拟数字世界从对物理世界的复刻、模拟逐渐变为对物理世界的延伸和拓展，元宇宙也将重塑数字经济体系。

元宇宙作为一个巨大的平台，本身也需要匹配的经济系统和经济规则，而数字货币、区块链等技术的发展则在加速使其变为现实。区块链的出现保证了虚拟资产的流转能够去中心化地独立存在，且通过代码开源保证规则公平、透明，而智能合约[1]、DeFi[2]的出现则能够将现实世界的金融行为

---

[1] 智能合约（smart contract）是一种旨在以信息化方式传播、验证或执行合同的计算机协议。智能合约允许在没有第三方的情况下进行可信交易，这些交易可追踪且不可逆转。

[2] DeFi 是 decentralized finance（去中心化金融）的缩写，也被称作 open finance。它实际是指用来构建开放式金融系统的去中心化协议，旨在让世界上任何一个人都可以随时随地进行金融活动。

映射到元宇宙的虚拟数字世界。

从比特币到以太坊，再到近期火热的 DeFi 和 NFT，区块链技术展示了其作为跨时空清结算平台的高效性。其中，NFT 作为一种非同质化资产，让艺术品、收藏品甚至房地产等现实非标准化资产得以标记化。NFT 一次只能拥有一个正式所有者，且受到以太坊等区块链的保护，没人可以修改所有权记录或复制/粘贴新的 NFT。

元宇宙中权益的 NFT 资产化，能够促进权益的流转和交易，这种属性可以让元宇宙中的任何权利轻松实现金融化，如访问权、查看权、审批权、建设权等，方便这些权利的流转、租用和交易。换言之，NFT 可以低成本地为虚拟世界中的数字物品确定归属权，从而为元宇宙的经济活动奠定基础。

由区块链、NFT 等加持的元宇宙经济系统，将是未来虚拟世界实质性发展的加速器。2021 年第一季度，全球 NFT 整体市值达 127 亿美元，相较 2018 年增长近 310 倍。同时，全球 NFT 艺术品、体育和游戏市场极高的成熟度和交易量也证实了这一趋势。

区块链、智能合约、NFT、DeFi、交易平台、服务组织等一系列配套设施共同构成了元宇宙经济系统的底层工具，帮助元宇宙中的数字产品实现价值发现和交换，并在过程中降低交易成本，同时保障数字资产和数字身份安全。

在工具的赋能下，元宇宙还需要建立一套合理的价值系统或规则，引导供给侧进行有效生产、合理分配，创造出丰富、高质且符合消费需求的数字内容。同时，在需求侧形成更广泛、更活跃的数字内容消费和应用市场，促进从生产到消费的价值交换，驱动元宇宙经济的高速增长。

那么，什么才是合理的价值系统？简单来说，就是做好价值交换和机制分配。元宇宙经济系统，不仅能赚钱、能交易，更要合理分配、妥善分钱。

"元宇宙第一股" Roblox 公司已经初步打造了具备元宇宙雏形的独立运行的经济系统，为保障其经济系统的稳定运行，Roblox 一方面针对平台上开发者或创作者提供支持和激励，另一方面强化了对玩家的社交分享。

Roblox 在创作（游戏开发）者激励方面，对于用户创作游戏、素材的一并收入，除支付渠道费用外，剩余部分都会按照一定比例与开发者进行分成。为鼓励开发者提升内容质量，Roblox 还会依据会员玩家游戏时长给予开发者一定数量的经济激励（主要是 Roblox 发行的虚拟货币，可与现实货币兑换）。

截至 2021 年底，Roblox 平台上已经活跃着超过 800 万的内容开发者、超过 4 000 万的玩家，游戏数量也达到 2 000 万以上，Roblox 的经济系统对内容生态的发展产生明显的推动效用。

相对元宇宙的经济系统，Roblox 的经济系统仍然非常初级，生态系统也是闭环的，同其他平台彼此割裂。平台打造的虚拟货币 Robux 也仅仅只是实现了游戏内的货币流通，而货币供给仍掌握在平台之手，背后的信用风险仍然存在，经济系统还很不完善。

未来的元宇宙还需要结合工具和制度建立一个稳定的、开放的经济系统，在生产、交换、分配、消费各个环节之间形成动态平衡，保证所有利益相关方都能在系统中创造价值、实现价值，才能驱动元宇宙庞大生态的健康生长。

2.3.8 文明：演变出元宇宙自身的独特文明

"生活在别处！"

1968 年 5 月，法国的年轻人将这句话涂在巴黎大学的墙上，以表现对现实生活的反叛和不满。

元宇宙能否创造出为人们所渴望的"别处生活"和"虚拟文明"呢？

答案或许是肯定的。

美国后现代主义学者唐纳·哈拉维（Donna Haraway）曾发表《赛博格宣言：20 世纪 80 年代的科学、技术以及社会主义女性主义》一文，提出一个著名的概念"赛博格"（cyborg）[①]，它由"控制论"（cybernetics）与

---

① 意为电子人、机械化人、改造人、生化人，即机械化有机体，是由无机物所构成的机器，作为有机体（包括人与其他动物在内）身体的一部分，但思考、动作均由有机体控制。

"有机体"（organism）两词的词首组合而成，简单讲就是人和人造物的结合，《攻壳机动队》（*Ghost in The Shell*）中的女主角草薙素子就是这样的"赛博格"，素子除了脑部保留了原有部分组织外，几乎全身义体化，是人形电脑、机械战甲，为政府所用、维护治安，这也是素子常常疑惑"自我"的原因。此外，《生化危机》（*Resident Evil*）女主艾丽斯这样的生化人也属于"赛博格"范畴。

未来元宇宙中的虚拟人类，也可以被视为"赛博格"。

人类社会是文明的集合体，文明是使人类脱离野蛮状态的所有社会行为和自然行为构成的集合，这些集合至少包括以下要素：家族、工具、语言、文字、宗教、城市、乡村和国家等。虚拟人类在元宇宙中可以创造独特的虚拟文明、数字文明。虚拟文明的诞生需要长期的发展培育，这是元宇宙生态系统的运营问题，随着元宇宙的繁荣，文明的诞生将是时间问题。

每个元宇宙居民都有独立的身份，拥有自己的圈层和朋友关系，有强沉浸和低延迟的体验感受。居民在其中组建社区、建造城市、共同构建社会规则，将演化出另一个文明社会。

伴随元宇宙的发展，虚拟世界与现实世界高度互动，从而衍生出一种在观念、习惯、技术、思维等层面相互补充和平衡的"双世界"文明形态。

不论是现实文明，还是虚拟数字文明，其自由都存在底线。

在丹溪草[①]看来，"文明本身就是对欲望的自律"。如果我们自以为逃到一个虚拟的世界，就可以在那个世界随心所欲，认为这样就是自由，恐怕是对虚拟文明和自由的曲解，来自法国的思想家卢梭就曾经讲过"人生而自由，但无往不在枷锁之中"。

元宇宙的文明，最终需要发挥科技向善的力量，建立一整套完整的规范和机制，接受相应的约束。

---

① 《人类命运：变迁与规则》的作者，人类学学者、作家。

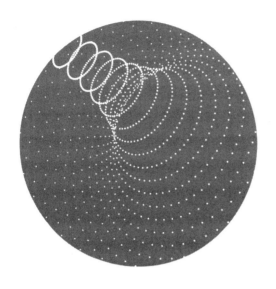

第 3 章
元宇宙的技术基石与技术突破

Metaverse是科幻作家和未来主义者构想了超过30年的事情。现在，拥有强大算力的设备进一步普及，网络带宽进一步提升，实现Metaverse的时机已经趋于成熟。

——Roblox 创始人、CEO　大卫·巴斯祖基

3.1 元宇宙八大支撑技术

从技术层面看，虚拟现实、增强现实、5G、人工智能、区块链、算力和网络、物联网、电子游戏等技术的发展为"元宇宙"发展提供了可能性。其中，AR、VR等交互技术和硬件设备更是成为进入"元宇宙"的关键入场券和敲门砖。

当前，脸书、谷歌以及国内的VR硬件公司Pico都推出了可以大规模商用的消费级VR头显设备，借助这些设备，已经可以初步体验元宇宙中的沉浸式游戏、在线虚拟社交。

如同量子力学一样，区块链、芯片、新能源、5G、云计算、AI、VR、AR这些独立的技术和产业，正在元宇宙的宏大框架和引力作用下，渐渐实现"连点成线"，走向统一。

3.1.1 区块链技术：元宇宙的技术基石的核心

元宇宙爆火，一个重要的因素在于，相关技术的发展已经到了一个新阶段，无论是VR/AR技术，还是大数据（big data）、云计算、人工智能或区块链，它们之间的深度关联和融合，需要新的商业应用和商业出口，元宇宙应运而生。

如果说算力、网络通信技术是互联网时代的基础设施，那么，VR/AR、大数据、云计算、人工智能、区块链等技术则是元宇宙时代的技术基石和基

础设施，其中，区块链技术称得上是元宇宙技术基石的核心。

未来的元宇宙公司，首先会是一家区块链技术关联公司，且是区块链技术领先的公司。

元宇宙概念引发了区块链行业的狂欢，2021年11月以来，作为元宇宙重要基础设施的区块链行业有多个公司或融资成功，或投入巨资开展元宇宙项目。

区块链，其本质上是一个去中心化的分布式数据库，可实现数据信息的分布式记录与分布式存储，是一种把区块（block）以链（chain）的方式组合在一起的数据结构。

区块链技术借助密码学的手段产生一套记录时间先后的、不可篡改的、可信任的数据库，数据库采用去中心化存储且能够有效保证数据的安全，能够使参与者对全网交易记录的时间顺序和当前状态建立共识。

区块链由"区块"和"链"构成，所谓"区块"，即使用密码学方法产生的数据块，数据以电子记录的形式被永久储存下来，存放这些电子记录的文件即为"区块"。每个区块记录了几项内容，包括神奇数、区块大小、数据区块头部信息、交易数、交易详情。

每一个区块都由块头和块身组成。块头用于链接到上一个区块的地址，为区块链数据库提供完整性保证；块身则包含了经过验证的、块创建过程中发生的交易详情或其他数据记录。

区块链的数据存储通过两种方式来保证数据库的完整性和严谨性。

首先，每一个区块上记录的交易是上一个区块形成之后、该区块被创建前发生的所有价值交换活动，保证了数据库的完整性。

其次，在绝大多数情况下，一旦新区块完成后被加入区块链的最后，则此区块的数据记录就再也不能改变或删除，保证了数据库的严谨性，使其无法被篡改。

不同区块之间按照时间顺序、通过某种算法相连，就是链。链式结构主要依靠各个区块之间的区块头部信息链接起来，头部信息记录了上一个区块的哈希值（通过散列函数变换的散列值）和本区块的哈希值。本区块的哈希值，又在下一个新的区块中有所记录，由此完成了所有区块的信息链。

由于区块上包含了时间戳，区块链还带有时序性。时间越久的区块链后面所链接的区块越多，修改该区块所要付出的代价也就越大。区块采用了密码协议，允许计算机（节点）的网络共同维护信息的共享分布式账本，而不需要节点之间的完全信任。

区块链具备六大技术特征，即去中心化、开放性、自治性、匿名性、可编程和可追溯。正是这些特征使得区块链具备了革命性、颠覆性技术的特质，也使其成为元宇宙的重要技术支撑，能提供诸多解决方案。

1. 解决数据问题

区块链作为一种新的数据处理方式、一种全新的数字技术，无论是其分布式存储，还是点对点的数据传输，包括共识机制的建立，都需要以数字技术作为支撑。

元宇宙从本质来讲也是对数据的重新处理和重新应用。

数据的重新处理，代表的是算力的不断提升和优化，处理方式的改革和创新；数据的重新应用，代表的是实体与虚拟的消弭，数字空间和物理空间的深度融合。

以上正是区块链技术所要达成和实现的，无论是虚拟世界和现实世界的打通，还是实体资产和数字资产的融合，都是以数据处理、传输的自由流动为前提和基础的。

元宇宙是区块链技术的终极归宿，当区块链技术实现了对数据的重新处理和重新应用之后，元宇宙就会顺理成章地实现。

2. 解决技术耦合问题

元宇宙为我们展示了一个光怪陆离的新世界，我们看到了虚拟世界与实体世界的融合，物理世界与数字世界的打通。

元宇宙的新世界单单依靠某一种技术是完全无法实现的，需要多种技术共同协助来完成和实现。

分析驱动元宇宙的新技术，无论是大数据技术、云计算技术，还是

VR/AR 技术、人工智能技术,都仅仅只能在某些场景或者某些片段当中有效,而无法真正将整个场景串联起来。

区块链则不同,它不仅可以建立各种新技术之间的联系与耦合,而且还可以打造一个基于这些新技术的完整闭环的世界。

无论是体验上,还是结算方式上,甚至是虚实世界的联通上,都可以从区块链的身上找到解决方案。

当区块链的终极目的是实现一个完整的闭环,特别是形成一个有场景、有行为、有交易的闭环的时候,它真正给我们带来的,就是一个叫作元宇宙的新世界。

3. 解决中心化和垄断问题

Epic Games 创始人、"虚幻引擎之父"Tim Sweeney 曾提道:"元宇宙将比其他任何东西都更普遍和强大。如果一个中央公司控制了这一点,它们将变得比任何政府都强大,成为地球上的神。"

中心化、非加密、可篡改,是传统互联网技术的通病。而区块链技术的去中心化、自治性、可编程、可追溯等特性,可彻底解决这些问题,避免元宇宙被某一个或某几个中心化的互联网巨头所控制、所垄断,实现元宇宙的去中心化、开放化。

以区块链技术为基石所铸就的元宇宙时代的运行逻辑是这样的。

- 对实体和虚拟图像的处理和联通(VR/AR),可打通真实世界与虚拟世界,让人们在实体世界和虚拟世界可以自由切换,跨越实体世界和虚拟世界的鸿沟。
- 对人和人工智能的打通与连接,可实现真实人体与数字人体之间的联通,让人和人工智能实现自由切换,不再有机械和人工的差距。
- 对现实货币与数字货币的打通,可让真实货币与虚拟货币之间自由联通,让真实世界和虚拟世界的资产交换不再是问题。

当区块链技术从底层逻辑上对元宇宙完成了系统化、由内而外、自上而下的改造之后，才能进入真正的元宇宙时代。

3.1.2 交互技术：VR/AR技术量级以上的突破

在元宇宙的技术基石中，交互技术（AR、VR、MR）是绝对重要的一环。通过交互性沉浸技术，用户能在元宇宙中实现全感官的沉浸式体验，拥有数字世界的虚拟分身，在数字世界里创造内容、社交和交易。

元宇宙是一个不断扩大的矩阵，随着时间的推移，人们能够在VR和AR的帮助下在虚拟世界和物理空间中来回穿梭。正因如此，交互设备被认为是元宇宙的入口。苹果公司CEO蒂姆·库克（Tim Cook）在接受采访时也表示，"不要讲什么元宇宙，就是增强现实"。

虚拟现实、增强现实和介导现实（MR）实际上并不是指某种技术，更多是一种概念，代表了真实的物理世界和虚拟的数字世界共同组成的时空连续体。

虚拟现实技术，又称灵境技术，包括计算机、电子信息和仿真技术，基本实现方式是通过计算机模拟虚拟环境，给人以环境沉浸感。AR采纳光学透视技术，在人的眼球叠加虚拟图像，当叠加的虚拟图像将人眼与现实世界完全隔绝时就成了虚拟现实。

增强现实则是一种实时计算摄像机图像的位置和角度并添加相应图像的技术，是能够将现实世界的信息和虚拟世界的信息进行无缝融合的新技术，以将虚拟世界放到屏幕上，同现实世界进行交互。

虚拟现实与增强现实的区别在于，其中是否存在真实世界，虚拟现实面对的是虚拟世界，所见皆虚，构建的是同现实世界完全独立的虚拟世界，即用户通过虚拟设备所看到的世界是虚拟的，是现实中所不存在的，但可以通过视觉、听觉、触觉等获得全方位的沉浸式感官体验。而增强现实则是现实世界被技术增添一些虚拟影像，以实现虚实融合。

介导现实采纳视频透视技术，通过双目摄像头实时采集现实世界并予以数字化，再通过计算机算法实时渲染画面，既可以叠加部分虚拟图像，也可以完全叠加虚拟图像，摆脱现实画面的束缚对影像进行删减更改，人眼看到的将是经过计算机渲染后新的"现实画面"，从而实现比 AR、VR 广泛得多的应用。

VR 技术实现的是单纯的用户可以感知的虚拟数字画面，比如 Oculus Rift、HTC 头显设备场景下的 VR 游戏、过山车等仿佛身临其境般的体验，带来更高标准的虚拟现实体验。AR 在 VR 技术的基础上，实现了对裸眼现实的融合，在真实环境中增添或移除由计算机实时生成的可以交互的虚拟物体或信息。而 MR 则将现实世界和虚拟环境相互融合，通过全息图，打破了物理世界和虚拟世界的分界。

我们可以简单地将三种交互技术理解为：VR 实现的是纯虚拟数字画面，AR 实现的是"裸眼现实＋虚拟数字画面"，MR 实现的则是"数字化现实＋虚拟数字画面"。

网上有一个形象的说法，可以简要概括三者的不同，"梦见鬼（VR），看到鬼（AR），和鬼在一起（MR）。"

随着元宇宙时代的来临，传统的交互方式已经远远无法满足用户对沉浸感体验的需求，交互技术对沉浸感的提升主要借助以下手段。

1. 动作捕捉

实现人们同虚拟世界中场景的自然互动，就要捕捉人体的基本动作，如表情、手势、运动等。主流捕捉技术有两种：一种是光学动作捕捉技术，包括主动光学动作捕捉和被动光学动作捕捉；另一种是非光学动作捕捉技术，包括惯性动作捕捉、机械动作捕捉、电磁动作捕捉和超声波动作捕捉。

2. 眼动追踪

眼动追踪的原理是借助摄像头来捕捉人眼或脸部的图像，再用算法实现人脸和人眼的检测、定位与跟踪，以此来估算用户的视线变化。

当前，眼动追踪主要依靠光谱成像和红外光谱成像两种图像处理方法来实现，前者需要捕捉虹膜和巩膜之间的轮廓，后者则需要跟踪瞳孔的轮廓。

3. 语音识别

同元宇宙虚拟世界的交互，除了眼神、动作和表情，还包括语言交互。

语音识别技术包含特征提取、模式匹配和模型训练三方面的技术，涉及的领域包括信号处理、模式识别、声学、听觉心理学、人工智能等。

4. 触觉交互

触觉交互技术在游戏和虚拟训练中经常用到，又被称作"力反馈"技术，通过向用户施加某种力、震动等，使之产生更真实的沉浸感。

触觉交互技术可用来在虚拟世界中创造和控制虚拟的物体，比如远程操控设备或机器人，甚至模拟训练外科医生进行手术。

5. 嗅觉及其他感觉交互技术

在虚拟现实技术的研究中，对视觉和听觉交互的研究一直占据主流地位，对其他感觉交互技术的研究则相对被忽视，元宇宙强调的是高沉浸感的全息体验，不仅需要听觉、视觉，味觉、触觉、嗅觉等感觉交互技术也是必不可少的，补上这些短板的应用和公司，在元宇宙时代将获得增长机会。

AR/VR 的发展历程大体可分为三个阶段。

第一，萌芽阶段（1960—1989 年）。1960 年，莫顿·海里格（被称为"虚拟现实之父"）发明了 Telesphere Mask，这是有史以来第一台头戴式显示设备，能带来 3D 立体图像和完整的立体声，此后 AR/VR 的基础技术理论开始逐步形成。

第二，初步发展阶段（1989—2012 年）。VR/AR 技术开始引起行业的广泛关注，1990 年，乔纳森·瓦尔登博士开发了第一个公共 VR 游戏系统，多人虚拟现实街机问世，VR 街机得到规模生产，VR/AR 的应用范围也从最初的游戏领域扩展到医疗、公共事业等方面。

第三，高速发展阶段（2012 年至今）。2012 年，Oculus 发布了 Oculus Rift，引起市场广泛关注，该公司在 2014 年被 Facebook 收购。2012 年之后，游戏和互联网巨头公司以及初创公司都陆续发布 VR/AR 新品，出货量出现快速提升，行业进入高速发展阶段。

2016年曾被认为是VR元年，但由于网速、算力、内容、场景等原因，VR行业在2016年之后发展一度陷入低谷，很多企业被淘汰出局。

2020年10月，Facebook发布了一体式VR设备Oculus Quest 2，预售量是初代Quest的5倍。截至2021年3月底，官方表示Quest 2累计销量已超过所有Facebook此前VR产品总和。2021年11月，高通CEO克里斯蒂亚诺·阿蒙（Cristiano Amon）表示："Quest 2已达1 000万台的销量奇点。"

互联网时代，有一条智能硬件设备出货量的"125定律"，即硬件设备年出货量达到1 000万台，行业发展将出现突破点和拐点，突破1 000万台之后，大概率会继续突破2 000万台，而2 000万台能否再次迈上5 000万台的台阶，将是一个很大的坎，如果能突破，将会迎来行业的井喷式增长，如PC互联网时代的个人电脑和移动互联网时代的智能手机。

对标元宇宙，也是如此，往往是硬件先行，内容端创新爆发会有一定滞后性。例如，2007年，苹果手机出货量为140万台，应用生态尚未开启。2008年，苹果手机出货量超过1 000万台，同比增长超730%，Appstore活跃应用仅有5 000个。到2009年，活跃应用数爆发，同比增长720%至4.1万个，而当年苹果手机出货量同比增长则为78%。应用爆发的拐点呈现出一定的滞后性。

目前全球AR/VR市场仍处于快速扩张的阶段，2021年6月，Facebook发布了名为"Hello Future"以"AR/VR：连接新维度"为主题的报告。

报告预测2020—2024年，全球在AR/VR上的花费将增长6倍，至2023年，75%的商业领导者会使用AR/VR。

而据中国信息通信研究院预计，2024年全球虚拟设备出货量将达7 500万台，其中VR设备占3 300万台，AR设备会后来居上，出货量将达4 200万台。从增速的角度来看，据Trendforce统计，未来5年AR/VR出货量的CAGR将达39%，行业正处于快速爆发期。

从产业规模看，2021年，VR设备市场空间约为650亿元，AR设备市场空间约为500亿元，即元宇宙关键设备端市场空间总计约1 150亿元。预计到 2024 年，产业规模将达到 4 800 亿元，呈爆发式增长的趋势。

未来已来，交互技术设备已经打开了元宇宙的大门。

3.1.3 网络和算力技术：5G建设持续快速推进

从技术层面来看，支撑实现元宇宙的 VR/AR、大数据、云计算、区块链、人工智能以及数字孪生的图形应用等新技术的背后均有一个共同的基础，即海量数据的计算和处理能力，即算力。

过去，算力更多被视为计算能力。人类计算机技术先后经历了 20 世纪 20 年代的继电器式计算机、20 世纪 40 年代的电子管计算机，再到 20 世纪 60 年代的二极管计算机、三极管计算机、晶体管计算机。其中，晶体管计算机的计算速度可以达到每秒数十万次。大规模集成电路的出现及不断革新，令计算速度屡屡产生量级突破，从几百万次、几千万次，再到几十亿次、几百亿次、几千亿次、几亿亿次。

2020 年，日本 Fugaku 超级计算机诞生，运算速度峰值达每秒 51.3 亿亿次，是美国 Summit 超级计算机速度的 2.8 倍，成为 2020 年全球运算速度最快的超级计算机[①]。

在元宇宙时代，算力被赋予了新的内涵，可以理解为信息和数据处理能力。2018 年诺贝尔经济学奖获得者威廉·诺德豪斯（Willam D. Nordhaus）在《计算过程》一文中对算力的定义为："算力是设备根据内部状态的改变，每秒可处理的信息数据量。"

中国信息通信研究院于 2021 年 9 月发布的《中国算力发展指数白皮书》对算力的定义是——从狭义上看，算力是设备通过处理数据，实现特定结果输出的计算能力；从广义上看，算力是数字经济时代新生产力，是支撑数字经济发展的坚实基础。

---

① 我国"神威·太湖之光"超级计算机由我国国家并行计算机工程技术研究中心研制，位于国家超级计算无锡中心，目前仍是我国运算速度最快的计算机，运算速度峰值达每秒 12.5 亿亿次，位居世界第三。

正如美国学者尼葛洛庞帝在《数字化生存》一书的序言中所写,"计算,不再只是与计算机有关,它还决定了我们的生存。"

元宇宙时代,算力的用途更广泛,它是元宇宙内容打造与应用体验的重要支撑。构成元宇宙的图像内容、区块链网络、AI技术都离不开算力的支持。

举例来说,虚拟世界中,无论是游戏还是3D模型,其图形显示都离不开算力的支持,需要通过多边形建模(polygon modeling)来创建。游戏、3D场景中的人物在画面里面的移动、动作,乃至根据光线发生的细微变化,都是计算机根据图形学进行各种计算后,实时渲染出来的。仅渲染过程就需要经过顶点处理、图元处理、栅格化处理、片段处理以及像素操作五个步骤。

第一,顶点处理:将三维空间的模型顶点,转换为显示器的二维空间。建模越精细,需要转换的顶点数量就越多,计算量就越大。

第二,图元处理:需将顶点处理完成之后的各个顶点连起来,变成多边形。

第三,栅格化处理:把多边形转换成屏幕里的一个个像素点。

第四,片段处理:计算出每一个像素的颜色、透明度等信息后,给像素点上色。

第五,像素操作:把不同的多边形的像素点"混合"(blending)到一起,调整像素信息以达到显示效果。

算力支撑着元宇宙虚拟内容的创作与体验,更加真实的建模与交互需要更强的算力作为前提。游戏产业每一次重大的飞跃,比如延迟的缩短和分辨率的提升,也都源于计算能力和视频处理技术的更新与进步。七鑫易维消费眼动业务部总经理路伟成表示:"VR设备面临的技术难题大部分已经解决,比如眩晕,其中一个原因是渲染延迟大,目前随着算力提升和各种优化技术,延迟已经大大缩短,大部分都在20ms以内,甚至更短,比如最新的VR很多都支持90Hz(刷新率),甚至120Hz,延迟缩短到10ms以内。同时屏幕的分辨率也提升了很多,从2K为主流,变成了4K为主流,目前

5K 已经出现，预期未来（分辨率）会越来越高。此外，目前设备以 VR 一体机为主要方向，追踪主要是由内向外，一台设备拿起来就用，方便了很多。"

元宇宙对算力的需求，绝不仅限于上述场景，据 OpenAI[①] 测算，全球的算力需求每 3.5 个月就会翻一倍，远超计算机芯片性能的翻倍速度（在摩尔定律下，芯片性能每 18 个月翻一倍）。

面对越来越庞大的计算需求，如果计算力跟不上，元宇宙的基础设施将无从搭建，元宇宙将无异于空中楼阁。

《中国算力发展指数白皮书》指出，伴随着万物感知、万物互联以及万物智能时代的开启，据 IDC（互联网数据中心）预测数据，2025 年全球物联网设备数将超过 400 亿台，产生数据量接近 80ZB，且超过一半的数据需要依赖终端或者边缘的计算能力进行处理。预估未来 5 年全球算力规模将以超过 50% 的速度增长，到 2025 年整体规模将达到 3 300EFlops。

元宇宙时代离不开计算力的支撑，计算技术主要有三种。

1. 云计算

通俗来说，云计算服务就是让计算、存储、网络、数据、算法、应用等软硬件资源像电一样，随时随地、即插即用。它是基于互联网的相关服务的增加、使用和交互模式，通常涉及通过互联网来提供动态易扩展且经常是虚拟化的资源；可以节省成本、容易管理，还支撑了分布式大数据处理。

云计算是一种在短时间内完成大量数据处理的集中式的计算，它能利用互联网将数据上传到远程中心进行分析、储存和处理，为全世界提供服务，就好比是全国交通指挥中心。

2. 边缘计算

尽管云计算已经走过了 10 年的历程，但是随着物联网的快速发展、数据传输量的增大，信息传输延时、数据安全性等问题日益凸显，于是边缘计算（edge computing）等概念应需而生。

和云计算中心化思维不同，边缘计算将计算任务在接近数据源的计算

---

① 由诸多硅谷、西雅图科技大亨联合建立的人工智能非营利组织。

资源上运行,其主要计算节点以及应用分布是部署在靠近终端的数据中心,在服务的响应速度、可靠性等方面都高于传统中心化的云计算概念。边缘计算的基本理念是将计算任务在接近数据源的计算资源上运行,可以有效减小计算系统的延迟、减少数据传输带宽、缓解云计算中心压力、提高可用性,并能够保护数据安全和隐私。

与云计算相比,边缘计算更靠近设备端,数据不必再上传到云端,比如在智能手机、ATM(自动取款机)、智能家居等设备上都可以完成边缘计算,因此边缘计算更像是某一个十字路口的交通警察。

3. 雾计算

雾计算由性能较弱、更为分散的各种功能计算机组成,是迁移云计算中心任务到网络边缘设备执行的一种高度虚拟化计算平台,通过减少云计算中心和移动用户之间的通信次数,以缓解主干链路的带宽负载和能耗压力。雾计算是介于云计算和个人计算之间的,是半虚拟化的服务计算架构模型,强调数量,不管单个计算节点能力多么弱都要发挥作用,更具备可扩展性。

雾计算就好比是地方的交通指挥中心,可以理解为本地化的云计算:一方面减轻了云计算的承载压力;另一方面分散式的特点使得其运算速度更快、时延更低。

3.1.4 通信网络技术:元宇宙将在5G时代爆发

电影之外,互联网的未来正是类似的虚拟世界,只不过,这个代号不是"绿洲",而是"元宇宙",用户借助 XR 设备将打开通往元宇宙的入口。

如果用户想获得更具沉浸感的元宇宙体验,背后必须有 5G 通信网络的支持,XR 设备对网络连接的要求近乎苛刻,如果要实现 VR 设备移动化,5G 更是必不可少,而 AR、MR 对于图像和网络的要求要低不少,但考虑到未来可能出现的几何级增长的网络节点数量,5G 甚至 6G 也是必需的选择。

西班牙卡斯蒂利亚 - 拉曼恰大学(西班牙语:Universidad de Castilla-

La Mancha，UCLM）教授约瑟·安吉尔·奥利瓦斯说："20 世纪 60 年代和 70 年代，人工智能先驱们说，15 年后机器人将完成一切，但事实并非如此。'元宇宙'领域也面临这种情况。尽管它不断在发展，但离我们还很远，因为有一部分需要进行很大改进。比如，如果我们想在'元宇宙'中进行视频会议，就需要更好的通信，比如 5G 甚至 6G 通信，但现在要实现这些还有待时日。此外，可能还存在计算问题。"

奥利瓦斯的顾虑不无道理，元宇宙重要基础设施之一的"真 VR"需要大带宽、低时延网络，而目前 5G 网络的渗透率仍然很低。

未来智库的相关研究报告也指出："实时、低延迟、高承载属性是元宇宙运行要求。当前大部分大型在线游戏的运行过程都在本地完成，其运行速度和画面效果受到用户终端性能的限制，因此影响了游戏可触达用户范围，另外终端服务器的承载能力也限制了游戏可支撑的在线用户人数。而元宇宙是一个大型在线交互平台，需要支撑的用户达到上亿量级，元宇宙内部需要保持用户数据的实时更新，同时为了实现现实世界和虚拟世界的自由切换，需要保持系统的低时延达到两个世界时间同步的目的。因此元宇宙需要具备实时、低延迟、高承载等特性，而这些特性需要 5G 网络、云计算和边缘计算等网络及运算技术来解决。"

元宇宙以"低时延、沉浸感"为主要特征，对网络传输提出了更大带宽、更低时延、更广覆盖的要求。5G 网络具备高速率、低时延、容量大等优势，能够提供 1 Gbps 的平均体验速率、10 Gbps 的峰值速率、每平方公里超过 100 万的连接数、1 ms 的超低空口时延，满足不同场景下对网络性能的需求，支持元宇宙所需要的大量应用创新。

从全球市场来看，5G 网络的商用正呈迅速发展之势，加快推进。

截至 2021 年 5 月，全球范围内已经有 41 个国家和地区的 96 个运营商正式发布 5G 商用，166 个运营商在 69 个国家和地区发布了 3GPP（第三代合作伙伴项目）标准的 5G 商用网络，77 家运营商在试点、规划部署 5G 独立（5G SA）网络。133 个国家的 436 家运营商正在以测试、试验、试点、计划和实际部署的形式投资 5G 网络。

目前，全球已部署150万个5G基站，支撑起176张5G商用网络，用户数已超5亿。在消费领域，5G达成了速率的10倍提升，让VR、360度视频直播得以流行。

中国5G发展已走在世界前列，商用规模全球最大。当前，我国已建成全球规模最大的5G独立组网网络，累计开通5G基站96.1万个，5G终端连接数约3.65亿户。在企业市场领域，全球已经开展了10 000多个5G to B项目，其中超过一半项目发生在中国，制造、采矿、港口等领域已进入复制推广阶段。

5G创造的元宇宙时代的社会生活新范式，也能让更多人实实在在地享受到数字技术的红利。

2021年10月13日，2021全球移动宽带论坛（MBBF 2021）举行，主题是"5G与世界同行"。在MBBF 2021上，华为常务董事、ICT（信息与通信技术）基础设施业务管理委员会主任汪涛提出了华为对无线网络未来10年的趋势预测。

第一大预言：万兆之路构建虚拟与现实桥梁。

过去十年，通信网络已经完成从固定到移动的转变。未来十年，听觉、视觉、触觉、嗅觉也能融合传输交互，那么人与人之间的沟通才会发生质的变化。可以想象的是，我们可以在家就医，在线上试穿衣服、试用化妆品。当然，移动网络至少要达到10 Gbps下载、毫秒级时延，才能将这些感知信息语义化。

第二大预言：一张网络融合全场景千亿物联。

在华为的预言里，较为大胆的是，它认为蜂窝网络将支撑千亿规模的物联连接。目前，物联网已经连接了3亿个物体，4G用10年时间驱动蜂窝网络流量占比从1%到20%，5G将驱动蜂窝网络流量占比从20%到50%。要构建一个全场景、全类型的物联能力，需要定义不同速率档位的物联类型，构筑更低时延更可靠的确定性体验，引入超低功耗、无源连接的新形态，可以用于物流、环境监测等传输量较小却需要数年始终在线的物联网场景。

第三大预言：星地融合拓展全域立体网络。

在河南暴雨、江浙沪烟花台风之际，中国大地出动了多架无人机来恢复灾区通信，卫星电话也成为网络大面积瘫痪后的"救命电话"，这是一次重要的拉练。在国内外，还有30亿人没办法接入网络，卫星通信是覆盖人口稀少地区的高性价比方案，星地融合已经成为一个新的通信建设命题。星地融合能够为移动网络在地面补充覆盖，还能实现近地空间的立体覆盖，满足未来无人机、飞机等的通信和控制需求。背后是移动通信的数万亿美元产业规模和不断迭代的通信技术，在帮助卫星通信实现技术成熟和产业繁荣。

第四大预言：通感一体塑造全真全感互联。

前面已经提及物理世界的实时数字重构，缺少的是一张可感知的网络，而这张网络恰是高级别自动驾驶、无人机管理的前提。华为认为，真正的自动驾驶将在未来十年达到完全商用标准，这就需要动态的数字化地图作为前提，要提供如此连续无盲点的连接需要通信感知高效融合，从技术层面来看，要升级成一体化的空口和一体化的网络架构，以及利用大带宽多天线等技术提高感知分辨率到厘米级以上。

第五大预言：把智能带入每个行业、每个连接。

在L5级自动驾驶到来之前，L5级的自动驾驶网络需要被构建起来，届时，这张网络可以实现自动运维、极致性能、绿色低碳。正如华为预言，2030年将实现空口智能内生，智能空口算法将进一步优化信道编码、空口资源管理，提升50%的能效和性能。

第六大预言：全链路全周期原生绿色网络。

到2030年移动网络流量百倍增长，移动网络的比特能效也需要百倍提升。为了实现这个目标，能效概念需要作为基础因素考虑，从空口、设备、站点、网络进行端到端节能增效设计，打造全链路全周期原生绿色网络。

第七大预言：Sub-100G原频段灵活使用。

预计到2030年，各国平均需要2GHz的中频带宽，以及大于20GHz毫米波来支撑流量增长,产业需要共同推进Sub-100G全频谱走向NR(新空口)。同时需重构频谱使用方式,利用多频融合等各种创新技术,实现10倍的频谱效率提升。

第八大预言:广义多天线降低百倍比特成本。

比特成本的持续降低,需要把多天线技术带入每一个频段、每一个场景。超宽频模块化天面实现多频的灵活组合;智能反射面等技术的不断发展,也使得多天线摆脱形态制约,实现云化部署,进一步提升性能。

第九大预言:安全将成为数字化未来的基石。

构筑安全、韧性高的移动通信网络,需要设备层的内生安全和网络层的智能安全运维,达成一体化防护能力和一键式威胁处置。云网协同的极简安全服务,可以让运营商面向行业客户提供一站式服务开通。

第十大预言:移动计算网络,端管云深度协同。

到2030年,移动网络承载业务应用将极大丰富,如元宇宙、工业现场、大规模车联等。新的数字化平台难以用单一业务模型抽象,需要移动计算网络提供无缝、无间断、实时按需的高质量业务。

华为的十大预言,直接关乎元宇宙建设,未来物理世界和数字世界的重构、融合,都需要置于5G甚至6G网络的框架之下,我们期待,元宇宙的各种展望都能在5G网络里爆发。

3.1.5 数字孪生技术:现实和虚拟的交互闭环

20世纪90年代初期,钱学森在写给好友汪成为、戴汝为、钱学敏的信中,建议将virtual reality翻译为"灵境",他称,"我特别喜欢'灵境',中国味特浓。"钱学森在另外两封信中分别写道:"(灵境技术)能大大扩展人脑的知觉,使人进入前所未有的新天地,新的历史时代要开始了!""灵境技术是继计算机技术革命之后的又一项技术革命。它将引发一系列震撼全世界的变革,一定是人类历史中的大事。"

2021 年 12 月 11 日为钱学森先生诞辰 110 周年。中国移动通信联合会元宇宙产业委员会认为钱学森先生是"真正的元宇宙思想"总设计师、总架构师,于 11 月 29 日发出了尊崇钱学森为"元宇宙之父"并将其数字孪生作为"元宇宙 1 号公民"的提议。

元宇宙产业委员会共同发起人甘华鸣进一步指出了钱学森对元宇宙的概念启蒙,称:"元宇宙是 Web 3.0,元宇宙是新形态社会,更进一步,在最高的哲学层次从人类中心的视角来看宇宙演化历史,无人宇宙是宇宙 0.0,物理宇宙是宇宙 1.0,而元宇宙是宇宙 2.0。元宇宙是虚实融合(数物融合)的世界,即虚拟世界(数字世界)与现实世界(物理世界)融合为一体的世界,是时间、空间、天、地、天然万物、人类、物理人工物、虚拟人工物的总和。钱学森钱老在 30 年前对灵境技术的论断,指引着我和同事们参与创造元宇宙。"

元宇宙产业委员会的号召中提到了数字孪生。

数字孪生,又被称为数字双胞胎,有据可查的"数字孪生"概念提出者,是美国空军研究实验室(Air Force Research Laboratory,AFRL)。

2011 年 3 月,美国空军研究实验室结构力学部门的 Pamela A. Kobryn 和 Eric J. Tuegel 发表了一场题为 "Condition-based Maintenance Plus Structural Integrity(CBM+SI)& the Airframe Digital Twin"(基于状态的维护+结构完整性 & 战斗机机体数字孪生)的演讲,首次明确提到了数字孪生。

AFRL 当时希望通过数字孪生的方式来实现战斗机维护工作的数字化。

早在 2000 年前后,数字孪生技术就已经被应用在了高端智能制造中,比如飞机及发动机等复杂配件,先在虚拟空间进行设计、装配、仿真测试,再根据仿真测试结果,调整相应的零件参数,迭代优化,在成功后将方法复制到现实世界中。

美国《航空周报和空间技术》(*Aviation Week & Space Techology*,*AW&ST*)曾在 2014 年作出预测:"到了 2035 年,当航空公司接收一架飞机的时候,将同时还验收另外一套数字模型。每个飞机尾号,都伴随着一套高度详细的数字模型。"

美国通用电气公司（GE）号称已经为其生产的每个引擎、每个涡轮、每台核磁共振，创造了一个数字孪生体（截至2018年，GE已经拥有120万个数字孪生体）。

数字孪生是对现实世界物理元素的复制，它首先面向物，强调物理真实性，跟踪或模拟现实世界运作，通过核心技术优化重塑一个更美好的物理世界，致力于优化现实世界的生产效率、用户体验等，它的最终产物是作为现实世界镜像的"克隆宇宙"。

而元宇宙则是与我们的物理世界并存的"克隆宇宙"——数字世界，让我们能够共同生活、工作和娱乐，数字孪生技术是元宇宙赖以实现的基础。

随着技术的发展，数字孪生应用将使物联网连接对象扩展为实物及虚拟孪生，将实物对象空间与虚拟对象空间融合，成为虚实混合空间，有可能成为第三代互联网应用，乃至成为元宇宙的核心基础。

2021年8月，英伟达创始人黄仁勋爆料，当年4月发布会上发布的14秒视频中的"黄仁勋"，实际上是AI合成的数字孪生形象，引起了不小的轰动。

在元宇宙元年之前，数字孪生技术就已被多方看重，2019年，数字孪生被Gartner公司①列为"2019年十大战略性技术趋势"，也是在2019年，"数字孪生"的概念被写入京津冀一体化的规划中，明确把数字孪生城市的构建作为一项重要建设内容。

2021年，新华社也谈到了要运用数字孪生等技术来实现镜像，进而实现真正意义上的元宇宙场景。

当前，数字孪生技术已经应用到各行各业，有数字孪生工厂、数字孪生城市以及数字孪生医院。以数字孪生医院为例，可以实现在数字环境下模拟一个和我们完全一模一样的自己，然后通过从我们身上每天采集到的数据，再连接上大数据，就可以预判出我们未来的健康状况，对可能出现的各种疾病提前进行预防，减小患病的概率，改善人类的健康状况。

也许某一天，从数字孪生一个房间、一栋大楼，到数字孪生整个宇宙，

---

① 成立于1979年，全球最著名的IT调研和咨询机构。

当我们身边的万事万物都有一个数字孪生对象时,现实世界和虚拟世界的闭环得以完成,由数字孪生体所构成的世界,就叫元宇宙。

3.1.6 人工智能技术:AI可快速生成海量内容

1950年,艾伦·麦席森·图灵(Alan Mathison Turing)[①]提出了著名的"图灵测试"——如果电脑能在5分钟内回答由人类测试者提出的一系列问题,且其超过30%的回答让测试者误认为是人类所答,则通过测试。通过测试的电脑被判定为具有一定的智能。同年,他提出关于机器思维的问题,他的论文《计算机和智能》(*Computing Machinery and Intelligence*),引起了广泛的注意和深远的影响,为创造出具有真正智能的机器提供了方向和可能性。

所谓的人工智能,其实就是让计算机具有模拟人类大脑的学习、思考、判断能力,具有一定的智能,而传统非智能计算机只能被动接收人类发出的指令,然后才会完成对应的操作。

人工智能是机器展示的智能,而不是包括人类在内的动物展示的自然智能。领先的人工智能教科书将该领域定义为"智能代理"的研究:任何感知其环境并采取行动以最大限度地实现其目标的系统。

人工智能是研究、开发用于模拟、延伸和扩展人的智能的理论、方法、技术及应用系统的一门新的技术科学。在元宇宙,人工智能的应用场景非常广泛。

1. 辅助构建元宇宙

元宇宙内容、场景、生态的打造,是一项庞大的工程,仅靠人工难以实现。

前文提及英伟达董事长黄仁勋虚拟发布会上的数字孪生形象,它的生成是借助Omniverse工具[②]的制作能力,但是这个虚拟发布会中所呈现的短

[①] 英国数学家、逻辑学家,被称为计算机科学之父、人工智能之父。
[②] 英伟达公司打造的面向企业的实时仿真和协作平台,一个被称为"工程师的元宇宙"的虚拟工作平台。

短14秒钟视频，背后却需要34名美工和15名软件工程师共同参与。

试想一下，如果用人工的方式去构建庞大的元宇宙场景，将是一个多么浩大的工程。因此，仅仅依靠UGC（user-generated content，用户生产内容）和PGC（professionally-generated Content，专业生产内容）来构建元宇宙是十分耗时费力的，而以AI技术作为支撑的内容生产方式AIGC正在悄然兴起中。

以算力为支撑的AI技术能够辅助用户在元宇宙进行创作，生成更加丰富真实的内容。相比今天只有少数人能够成为创作者，未来，在AI工具的帮助下，人人都可以成为元宇宙的创作者，这些工具可以将高级指令转换为生产结果，完成编码、绘图、动画等繁重工作，内容创作将实现全民化。

例如，一种基于生成式对抗性网络（GAN）的智能画笔，可以将只有一些轮廓和颜色的草图，转化为照片精度的图片。用户只需要画出一些线条、颜色，然后指定特定部分为内容元素，譬如"大海""草原""沙漠"等，AI就可以自动"脑补"进行细节填充。还有AI配音、2D快转3D或由AI代替人类测试员对元宇宙世界进行安全、Bug等漏洞检测等，都是AI赋能内容生成的具体表现。

AIGC模式下，还能利用算法训练AI，AI有能力脱离编剧与策划，对玩家的行为作出实时反馈，从而实现无穷的剧情分支并节省大量的制作成本。

除创作阶段外，在元宇宙内部也会有NPC（non-player character）[①] 参与社交活动。这些NPC会有自己的沟通、决策能力，从而进一步丰富数字世界。

人工智能技术将会全面赋能元宇宙内容生产，降低创作门槛。《麻省理工科技评论》（*MIT Technology Review*）列出了2021年度突破性技术，其中有两项是关于人工智能并有助于实现元宇宙内容创作的（表3-1）。

---

① 非玩家控制角色，一般由计算机的人工智能控制。

表 3-1　MIT 2021 年度突破性技术中人工智能相关技术

技术名称	介　　绍	研 究 者
多技能 AI	可同时获得人类智能的感官和语言的"多模态"系统，能解决更加复杂的问题，让机器人能够实现与人类真正意义上的交流和写作	艾伦人工智能研究所、北卡罗来纳大学、OpenAI
GPT-3	一种学习人类语言的大型计算机模型，利用深度学习的算法，通过大量文本进行训练，将单词和短语串在一起，最终能够模仿人类书写文本，达到较高的逼真程度	OpenAI、谷歌、Facebook

2. 连接现实世界和虚拟世界

元宇宙是独立于现实世界的平行空间，发展到一定阶段可以实现虚实融合、虚实相生，是可与现实交互的虚拟世界。随着现实世界向元宇宙数字化转型的深入，现实物理世界的各种要素都可以"搬到"虚拟数字世界中，同时虚拟世界创设的内容，又可以通过不同的载体投射到现实世界里，进而对现实世界产生影响。在这个过程，人工智能所扮演的角色就是真实世界和虚拟世界的连接器。

在包含 AI、交互游戏、元宇宙等新兴概念的电影《失控玩家》中，并没有"人类技术恐惧"以及"AI 造反"的戏份，电影呈现的是 AI 和人类相对友好的关系，现实世界的人类和虚拟世界的 AI 和谐相处，展示了人和 AI 之间除了斗争之外的另一种可能性。影片构建了游戏自由城（free city）和现实生活两个时空。现实的危机需要在虚拟中解决，虚拟的情感又在现实中落地，人工智能是两个世界的连接器。

3. 大幅提升人机交互体验

人工智能能为元宇宙中的用户植入"AI 大脑"，使其拥有独立的沟通和决策能力，可以通过判断人类意图和需求，给予适当回应，使得人机交互更加智能，并可通过不断学习和自我强化，升级成为数字世界的 AI 代理人，为人们提供各类咨询和服务。

当前，我国人工智能企业主要分布在京津冀、长三角、珠三角、川渝四大都市圈。从人工智能企业的核心技术布局来看，百度、腾讯、阿里云、华为等头部平台企业已布局了多项AI技术；而像平安科技、京东、小米等融合性公司，其技术布局主要集中在应用层，针对性较强。目前国内人工智能行业的上市公司主要有百度、腾讯、阿里巴巴、科大讯飞等。

可以预见，随着AI、5G、虚拟现实、全息现实等技术在显控行业的融合应用，AI对于人类的情境感知、意图理解、语言和视觉识别等也越趋精准，会进一步赋能元宇宙构建。

3.1.7 物联网技术：形成广泛的数字交互接口

元宇宙应用场景下，对实时互动、信息互联互通的要求非常高，需要物联网提供技术支持。物联网可让数字化全面嵌入人们的日常生活，并形成广泛的交互接口。

物联网是一种计算设备、机器、数码机器之间相互联系的系统，它拥有一种统一的识别代码（UID），能够在网络上传送数据，不需要人与人或人与设备之间的交互。

物联网领域正因多种技术的融合而不断发展，包括以下技术。

第一，传感器（sensor）技术。传感器是一种检测装置，能感受到被测量的信息，并能将检测感受到的信息，按一定规律变换成为电信号或其他所需形式的信息输出，以满足信息的传输、处理、存储、显示、记录和控制等要求。在计算机系统中，传感器的主要作用是将模拟信号转换成数字信号。

RFID（radio frequency identification，射频识别）是物联网中使用的一种传感器技术，可通过无线电信号识别特定目标并读写相关数据，而无须识别系统与特定目标之间建立机械或光学接触。

传感器是物联网的基础，以实现对各种物体各种属性的量化感知。传感器的种类丰富、技术性能程度直接决定物联网的应用范围和精度，传感器是光、机、电、材料等基础科学发展水平的集中体现。

第二，嵌入式技术。它是综合了计算机软硬件、传感器技术、集成电路技术、电子应用技术为一体的复杂技术。如果将物联网用人体做一个简单比喻，传感器相当于人的眼睛、鼻子、皮肤等感官；网络就是神经系统，用来传递信息；嵌入式系统则是人的大脑，在接收到信息后要进行分类处理。

第三，传输技术。借助传输技术，可对感知的数据及信号进行快速稳定的传输，5G技术是万物互联传输技术的核心，华为公司在该领域已经取得行业领先地位。

第四，万物标识编码与通信传输协议的标准化技术。只有统一规范的标准化协议和编码体系才能在最大程度上推动万物互联及其规模化、商业化应用。

第五，物联网智能操作系统。标准化的操作系统是实现广泛连接、增强互通性、互操作性应用的基础，如果标准不统一，则很难发挥物联网的潜在价值。

第六，大数据及人工智能技术。万物互联会产生庞大、多维度的数据，对数据及物联网络结构的建模、分析、统计、查询离不开大数据技术和人工智能技术。

物联网按约定的协议，可将任何物体与网络相连接，物体通过信息传播媒介进行信息交换和通信，以实现智能化识别、定位、跟踪、监管等功能，核心在于传感器技术和嵌入式技术。

物联网的架构有三层，分别是感知层、网络层和应用层。

- 感知层：由各种传感器构成，包括温湿度传感器、二标签、RFID标签和读写器、摄像头、GPS（全球定位系统）等感知终端。感知层是物联网识别物体、采集信息的来源。
- 网络层：由各种网络，包括互联网、广电网、网络管理系统和云计算平台等组成，是整个物联网的中枢，负责传递和处理感知层获取的信息。
- 应用层：物联网和用户的接口，它与行业需求结合，实现物联网的智能化应用。

元宇宙本身作为一个数字平行世界，通过庞大用户进行参与、制作、分享以及实时交互等完成日常运行，因而需要保持各种物理实体的连接和感知，以及数据信息的传递，而这部分功能的实现需要依靠物联网技术。

物联网产业发展至今，技术路径已逐步走向成熟，未来的应用场景也将进一步扩展，为元宇宙奠定坚实的设施基础。

2021年世界互联网大会"互联网之光"博览会的"数字经济·数说未来"专场活动传出消息，我国物联网连接数已达45.3亿，预计到2025年将首破百亿大关。

2021年，我国工业和信息化部等八部门联合印发《物联网新型基础设施建设三年行动计划（2021—2023年）》（以下简称《行动计划》），明确到2023年底，在国内主要城市初步建成物联网新型基础设施，物联网连接数突破20亿。

《行动计划》还提出行动的具体目标，包括：创新能力有所突破，高端传感器、物联网芯片等关键技术水平和市场竞争力显著提升；物联网与5G、人工智能、区块链等技术深度融合应用取得产业化突破；物联网新技术、新产品、新模式不断涌现等。

届时，物联网技术和物联网应用场景的不断丰富，将为元宇宙万物互联和虚实共生提供进一步的技术支撑。

物联网是元宇宙的基础设施，但是元宇宙的基础设施并不完全是物联网。

3.1.8 电子游戏技术：引擎+实时渲染+建模

Netflix[①]公司在2019年发布的股东信中写道："我们更可能输给Fortnite（《堡垒之夜》）而不是HBO[②]。"在Netflix看来，以高沉浸感游

---

① 美国奈飞公司，是一家会员订阅制的流媒体播放平台，总部位于美国加利福尼亚州洛斯盖图。
② 一般指HBO（Home Box Office）电视网，总部位于美国纽约，是有线电视网络媒体公司，其母公司为时代华纳集团（Time Warner Inc.）。

戏为基础的元宇宙平台所产生的内容，将会击败自己，这是一场针对传统视频平台的降维打击。

元宇宙游戏同现实世界高度同步、高保真，同时运用 VR、AR、XR 等技术，加强虚拟空间和现实世界的密切联系，增加人机交互，提高游戏体验和游戏使用者的沉浸感。

电子游戏技术主要包括游戏引擎（game engine）、实时渲染（real-time rendering）和建模技术（modeling technique）。

1. 游戏引擎

游戏引擎是电子游戏的关键技术，是一种软件架构，指一些已编写好的可编辑电脑游戏系统或者一些交互式实时图像应用程序的核心组件，包括渲染引擎（即渲染器，含二维图像引擎和三维图像引擎）、物理引擎、碰撞检测系统、音效、脚本引擎、电脑动画、人工智能、网络引擎以及场景管理等。

简单来说，游戏引擎就是游戏所需的各种现成的要素和工具的集合，提供游戏所需的各种半成品，再由游戏设计师将内容添加进各种半成品最终做成一款游戏，而无须从最基础的代码做起。

游戏引擎技术将直接决定用户在元宇宙中看到的图像以及带来的体验，例如我们在科幻电影中可以看到许多以假乱真的特效，但这些特效都是由特效公司专门针对电影的画面进行的调整，工作量大，制作费用高。借助游戏引擎技术，就可以把游戏内的画面批量、低成本地做出类似电影大片中那种以假乱真的效果，通过一些 VR 设备进入元宇宙，我们所看到的世界将会是一个可以媲美电影级画面的虚拟世界，甚至分不清那是现实世界还是虚拟世界。

2. 实时渲染

渲染过程，是处理器将需要计算的画面信息计算并绘制在显示屏幕上的过程，也就是命令计算机画出所要求的画面。渲染可分为离线渲染与实时渲染。

离线渲染，即在计算出画面时并不显示画面，计算机根据预先定义好的光线、轨迹渲染图片，渲染完成后再将图片连续播放，实现动画效果。

实时渲染，是指计算机边计算画面边将其输出显示，优点是可以实时操控，缺点是要受系统的负荷能力的限制，必要时需牺牲画面效果来满足实时系统的要求。实时渲染，即边计算画面边输出显示，可以实时操控、实时交互，以非常高的速度处理3D图像，实现逼真的效果。

由于实时渲染往往要牺牲画面效果来满足实时画面输出的要求，而元宇宙强调的是实时交互和低延迟感，实时渲染技术将会直接影响元宇宙应用的体验。

过去，由于计算机算力有限，运算速度较低，无法做到实时。比如在视频游戏中，电影制作人渲染单个帧的时间可能很长，因此会在渲染农场中进行离线渲染。

近年来，随着GPU性能的提升，实时计算的速度越来越快，计算画面的精度也越来越高，实时光线追踪技术得以广泛应用，例如英伟达公司于2018年推出RTX实时光线追踪技术，能够将现今标准渲染中使用的大部分技术替换为逼真的光学计算，以复制光线在现实环境中的行为方式，提供更加逼真的图像。

实时渲染技术，除了可用于三维游戏，在元宇宙关键技术虚拟现实中也有广泛应用。

3. 建模技术

建模技术包括3D建模和体素建模。

传统的网络游戏如《魔兽世界》等大型3D游戏采取的多是3D建模技术，画面分辨率高，画质清晰，人物模型精美。

而在元宇宙游戏Roblox、Minecraft中，模型都是由乐高式的方块搭建而成的，牺牲了视觉效果，在精美、逼真体验上反而不同于传统游戏，这是由于该类元宇宙游戏采取的是体素建模的方式。

体素就是像素的三维版本，不再是平面的正方形而是立体的正方体，是进行三维创造时的最小单位，使用这样的方式进行建模即为体素建模。体素建模中，图像里面的最小单位是像素，体素则是三维立体图里面的最小单位，体素（方块）作为最小单位搭建模型按照属性进行排列组合。

这一特性使得体素建模能够模拟出一些真实的宇宙法则，意味着每一个方块可以单独改变，可以随着时间或突发事件作出细微变化。尽管体素建模搭建的世界展现的视觉效果较差，但通过提升方块的分辨率可以实现更逼真立体的视觉效果。同像素类似，当方块的体积缩小，表达同等模型的方块数量增加时，能够提升画面的精致度。除提升分辨率以外，还可借助光线追踪等技术的渲染带来近乎真实的真正电影级图形和光影物理效果，对于硬件设备的存储和算力要求极高。

体素建模所搭建的世界是真实三维立体的，方块堆叠的搭建方式和真实世界中一砖一瓦的搭建类似，不同于 3D 建模仅让人在视觉上产生三维立体的感受，用户可以真实穿梭在元宇宙世界中。

3.2 元宇宙的技术障碍与技术突破

2021 年 11 月 2 日，在《AI 呀，我去！》百度 AI 开放日上，百度副总裁马杰指出，元宇宙的实现需要突破以下三大技术难点。

1. 实时高刷的沉浸式体验画面效果

马杰举了《赛博朋克 2077》[1]的例子，该游戏因极佳画质受到瞩目，但其耗时长达 8 年。尽管经过长周期制作，但它和 3D 电影的画面还是存在着很大差距。原因就在于每帧的算力不同，两者相差数千万倍，而 VR 需要的算力远远大于电影画面。

在马杰看来，短期内，该问题的解决可能不在于从硬件方面取得突破性进展，而主要在于云计算的应用，其核心逻辑是实现运算和显示的分离。在这一领域，包括 ARM 云、边缘计算在内的百度智能云能成为助力其落地的重要基础设施。

---

[1] 一款由知名《巫师》系列开发公司 CD Projekt RED 开发的动作角色类游戏，于 2020 年 12 月 10 日登录 PC、Xbox 和 PS4 等平台。

2. 同一空间内的多人交互需要强大算法支持

元宇宙的概念想要成真落地，涉及的不仅是画面，还要解决多人互动的诉求。

不同于传统的网络游戏、在线会议，元宇宙的高实时性、高互动性和高沉浸感要求虚拟空间能够容纳数以万计甚至数以亿计的用户实现同时交流，由此带来的海量运算量所引发的高渲染、低时延问题，均是目前业界需要面对的挑战。

3. VR内容生产成本高昂导致无法形成生态闭环

在马杰看来，前几年VR没有成功的原因，除了技术成熟度待提高，还有缺乏内容生态层面的良性构建。

尽管VR或元宇宙是需要首先去推动的产业，但市场的壮大仍然需要广大第三方UGC内容创业者的支持。在这一方面，其需要解决的一个重要问题，便是内容的快速生产。而当前VR由于制作成本高昂，无法实现内容的快速生产，以致无法形成闭环。

不可否认，当前，元宇宙的八大技术基石都已经取得了阶段性突破，获得了长足的发展。同样不可否认的是，当前的元宇宙的支撑技术仍处于初级阶段，元宇宙产业也大多处于萌芽状态。

元宇宙的实现，尚有不少技术难点，不少学者、业内人士都称当前仍处于元宇宙技术的"史前时代"。

世纪华通董事长兼CEO、盛趣游戏董事长王佶则表示元宇宙的终极形态还需不断探索，仍要跨过底层算力支持、跨行业技术融合、各行各业共同参与三大难点。

从发展阶段来看，当前的元宇宙产业整体上还处于萌芽阶段，技术局限性是当前制约元宇宙发展最大的瓶颈。例如交互技术、空间映射、数字孪生等直接相关技术还不太成熟，其实归根结底，还是受制于算力和网络通信以及内容生态的搭建等底层技术。

首先，算力难以满足元宇宙建设需求。元宇宙是一个更加开放的世界，其内容量非常大，对算力的要求非常高，当前游戏行业客户端的分工模式可能达不到元宇宙游戏对算力的大量要求。

当前，仅用于 AI 测试的全球的算力需求每 3.5 个月就会翻一倍，远远超过了算力的增长速度。算力的获得具有高投入、高风险、强外部性和高垄断特征，也决定了算力的国际竞争是大国和大企业参与为主的竞争，全球范围内的算力资源不均衡也将使得元宇宙的全球互联效果大打折扣。

其次，通信网络难以满足元宇宙需求。5G 网络尚未普及，网络传输仍然存在速度慢、高时延等问题，影响了元宇宙的沉浸式体验。不过随着 5G 网络的进一步推广，该问题会逐步得到解决。

最后，海量内容由谁来提供。元宇宙的难点在于现实世界的全面虚拟化，通过技术构建出一个完整的平行世界，这就要求不同产业链实现关键的技术突破。对此，阿里巴巴达摩院（The Academy for Discovery, Adventure, Momentum and Outlook, Alibaba DAMO Academy）XR 实验室负责人谭平认为，"元宇宙就是 VR/AR 眼镜上的整个互联网，它包含了社交、电商、教育、游戏甚至支付，各种各样的互联网应用在元宇宙上都有它自己的呈现方式。"

元宇宙虚拟数字世界是对现实世界的超越，无边无垠，需要各个层面的内容生态，不仅需要巨头、科技公司、其他组织参与内容建设，也需要发动普通用户积极参与其中。在当下的互联网环境中，每个用户都可以通过手机等智能终端随时随地发布内容，参与内容创作，丰富互联网世界中的内容生态。如何才能让用户在元宇宙中成为类似的内容发布者，让用户更有参与感，是一个急需解决的问题。

生态的丰富程度也会直接决定元宇宙对用户的吸引程度，因为人们去往元宇宙的意愿和冲动首先来自其中的内容，而不是介质，元宇宙中要有能够吸引用户留下来的东西。

3.2.1 发力基础研究，或迎来技术突破

2018 年 10 月某日深夜，马化腾突然在知乎上抛出一个问题，涉及基础科学："未来十年哪些基础科学突破会影响互联网科技产业？产业互联网

和消费互联网融合创新，会带来哪些改变？"

为何马化腾提及了基础科学？因为基础科学的探索和研究是一切科学应用的基础，先有基础科学理论的突破，应用层面才能有所突破。

如果没有电磁理论领域的麦克斯韦方程，就不会有今天的收音机、电视机、手机、GPS等产品，也不会有互联网和有线电视，因为电缆光纤的设计都要遵循麦克斯韦方程。

如果没有量子理论的薛定谔方程，就不会产生半导体产业，也不会出现半导体元器件、集成电路、电子计算机、手机，各种智能设备以及一切电子仪器设备。

如果没有凝聚态物理中发现的巨磁阻效应，硬盘的容量将限制在4 GB，而不是我们看到的TB级别。

这就是基础科学突破的能量所在，基础科学是在探索人类的认知边界，而随后的应用层都是在该边界框架内进行，很难破界。

2016年6月，在全国科技创新大会上，华为总裁任正非进行了汇报发言。他表示华为已经感到前途茫茫，找不到方向——

华为现在的水平尚停留在工程数学、物理算法等工程科学的创新层面，尚未真正进入基础理论研究。

随着逐步逼近香农定理、摩尔定律的极限，面对大流量、低时延的理论还未创造出来，华为已感到前途茫茫，找不到方向。华为已前进在迷航中。

重大创新是无人区的生存法则，没有理论突破，没有技术突破，没有大量的技术累积，是不可能产生爆发性创新的。华为正在本行业逐步攻入无人区，处在无人领航、无既定的规则、无人跟随的困境。华为跟着人跑的"机会主义"高速度，会逐步慢下来，创立引导理论的责任已经到来。

华为的迷茫，在于基础科学理论储备的潜能已经被挖掘到了极限，如不能进一步取得基础科学研究层面的突破，应用层的技术将会原地踏步。

基础科学停滞不前，不只是腾讯和华为所面临的问题，也是整个人类

社会科技进步的困局。

1666年,23岁的牛顿回到老家躲避瘟疫,在这段度假休闲的时日,牛顿完成了三项意义不亚于开天辟地的伟大工作:发明了微积分、发现了万有引力定律、完成了光分解的实验。这三项伟大的创举,怎么形容其伟大都不为过,它们为后来的数学、力学和光学奠定了理论基础,这一年被称为基础科学突破的"奇迹年"(拉丁文:annus mirabilis)。

1905年(奇迹年过后239年),供职于瑞士专利局的26岁的爱因斯坦发表了6篇石破天惊的论文,分别是——

3月18日,发表关于光电效应的论文,是量子理论的奠基之作。

4月30日,发表测量分子大小的论文,为爱因斯坦赢得了博士学位。

5月11日和12月19日,发表两篇关于布朗运动的论文,成了分子论的里程碑。

6月30日,爱因斯坦发表题为"论运动物体的电动力学"的论文,这个不起眼的题目后来有一个如雷贯耳的名称,叫作"狭义相对论"。

9月27日,发表关于物体惯性和能量关系的论文,这是狭义相对论的进一步说明,他还在论文中提出了著名的质能方程 $E=mc^2$。

这是人类史上基础科学集中突破的另一个"奇迹年",人类世界严格意义上基础科技的突破,只发生在以上两个大奇迹年里。

如今距离1905年,已经过去100多年,虽然表面看科技发展速度越来越快,但基础科学层面已经许久没有突破。目前最前沿的量子力学还只是在第二个大奇迹年的地基上垒墙而已;如任正非所言,芯片的摩尔定律由于热传导基本上已经到达临界点;人工智能看起来蓬勃发展,但算法的瓶颈已经开始凸显。

近年来,移动互联网和人工智能的飞速发展,给人一种应接不暇的感觉。但实用技术的表面繁荣,却难掩基础科学停滞不前的事实。卫星导航可以精确到厘米的级别,但指导其运行的科学理论,仍然是牛顿力学和相对论。

人工智能和移动互联网运行的核心——芯片,其基础科学理论依然是20世纪的量子力学。

人类要在应用技术上取得根本突破,首先要在基础科学上取得重大突破。

刘慈欣在《三体》中写道:一个文明想进步就离不开基础科学,如果基础科学不能发展,文明就无法进步。

如果基础理论没有突破,科技应用层面的创新将被锁死在一定范围之内,突破不了天花板,一旦遭遇更高层面基础理论所导引出的技术创新,将会遭到碾压和降维打击。

《三体》中提供了一个最经典案例:

处于低技术社会的人类,在三体入侵的压力下,将仅有的基础科学理论①积淀压榨到了极限,成功突破了核聚变技术,研制出了能达到15%光速的恒星级飞船,而当时正前往地球途中的三体第一舰队航速最高只能达到光速的10%,实际只有光速的1%。

这一成果让人类产生了错觉,以为科技水平已经超过了三体人而信心大增,将能轻松战胜三体舰队。

后来的末日之战令人匪夷所思,三体人仅仅凭借一颗水滴②状的探测器(没有携带任何武器),所采取的战术是简单粗暴的撞击,就轻松击败了人类整个太空舰队,2 000艘恒星级战舰几乎被彻底摧毁。

为何出现这种结局?原因就在于双方基础科学理论上存在鸿沟。

人类星际舰队是基于地球的基础科学,三体人的探测器"水滴"是基于三体的基础科学,"水滴"具有如下不可思议的性能——

---

① 三体人通过向地球发射的"智子"来干扰人类的大型粒子对撞机,以封死人类基础物理学的进步,进而产生连锁反应,使人类造不出速度更快的计算机,造不出更精密的材料、仪器,从而使所有的基础科学都处于停滞状态。
② "水滴"的制造涉及基础科学和多个领域的应用科学上的无法逾越的鸿沟,人类根本无法下手去研究它。用电子显微镜看,在原子层次上还能保持极端平整的水滴,不但超越了人类材料学的理解层次,甚至超越了人类基础科学的理解层次。

由强互作用力（SIM）材料所制成，表面绝对光滑（放大1 000万倍后仍是绝对光滑的镜面，远远超出人类的工艺水准和认知水平），表面温度处于绝对零度，拥有强度达太阳系中最坚硬的材料的百倍以上的坚硬外壳。

在飞行时，"水滴"可以进行锐角转向，它的转向轨迹永远是一个尖锐的折线，而不是像人类航天器转弯时需要拐出一个圆滑曲线，且可以做到转向时完全不减速，无视该动作产生的巨大过载。这完全违反了人类动量守恒定律、角动量守恒定律和宇航动力学理论。

这就是基础科学存在差距的恐怖之处，在《三体》中"新人类之父"章北海[①]，用一番对比道出了基础科学的重要性，"成吉思汗的骑兵，攻击速度与二十世纪的装甲部队相当；北宋的床弩，射程达一千五百米，与二十世纪的狙击步枪差不多；但这些仍不过是古代的骑兵与弓弩而已，不可能与现代力量抗衡。基础理论决定一切……而你们，却被回光返照的低级技术蒙住了眼睛。躺在现代文明的温床中安于享乐……"

现代科学分为基础科学、技术科学和应用科学三部分。其中基础科学处于最底层，以自然现象和物质运动形式为研究对象，探索自然界发展规律。基础科学最难突破，但一旦突破就能改变世界。以无线电为例，作为基础科学，无线电派生出了电视、手机、雷达、导航、电力传输等几十个技术科学，产生数以千计的产品应用。

基础科学最重要，但最容易被忽视。因为基础科学投入大、见效慢，而应用科学投入小、见效快。正因如此，绝大多数公司都喜欢做应用层面的研究，比如腾讯、美团、拼多多、滴滴、小米，而基础研究却鲜有公司问津。

基础科学一旦突破，换来的将是战略优势。

2018年7月26日，华为在深圳总部举办隆重颁奖仪式，为5G极化码（Polar码）发现者、土耳其籍教授Erdal Arikan颁发特别奖项，致敬其为

[①] 因对战局有提前预判，而在末日之前成功"劫持"一艘星际飞船出逃，为人类保存了一艘星际飞船（另外还有几艘飞船或因追击章北海，或及时作出反应，而幸免于难）。

人类通信事业发展所作出的突出贡献。

Erdal Arikan教授于2008年公开发表了Polar码论文,开拓了信道编码的新方向,Polar编码是世界上第一类能够被严格证明达到香农极限的信道编码方法,可大大提高5G编码性能,降低设计复杂度。2016年,Polar码成为华为3GPP 5G NR eMBB控制信道编码。

Erdal Arikan教授在5G通信领域的这一基础理论突破,让华为在5G的商用层面占尽了先机。

华为历来注重基础科学研究,在每年150亿～200亿美元的研发费用中,其中有20%～30%都是用于基础研究。这或许正是美国制裁华为,而不去制裁其他应用型互联网公司的根本所在。欧美至今长达数十年的芯片垄断,也是因为其基础科学研究领先于我国,我们在应用层做得再好,一旦基础层被封锁,被釜底抽薪,就失去了一切意义。

失去(基础科学)应用,失去很多;失去基础(科学),失去一切。

元宇宙产业的成熟需要一系列的基础研究做支撑。转向基础研究,做好理论储备,或许才能厚积薄发、后来居上。

3.2.2 元宇宙技术的非线性突破与技术爆炸

"技术爆炸"(technology explosion)一词出自刘慈欣小说《三体》,指的是智慧文明在极短时间内完成高科技集群突破,在宇宙时间轴上以爆炸形式迅速发展的现象,类似于人类社会的工业革命。

文明进步的速度和加速度可能是不一致的,弱小文明的科技水平很可能在短时间内超越强大的文明,技术爆炸的路径有两种。

第一,线性的技术爆炸。如地球文明在经历第一、第二次工业革命后分别进入蒸汽时代和电力时代,其发展速度是根据其认知水平的变化而变化的,是呈线性的。

第二,非线性的技术爆炸。处于两个发展阶段的文明,由于其智力上的突破,或遭遇来自外界的压力(如自然资源枯竭、毁灭性的天灾或来自外星文明的影响），发展速度会在短时间内迸发出出人意料的惊天大逆转，出现非线性的技术爆炸。

《三体》所指的技术爆炸很明显是第二种，即当某个弱小文明面对另一个强大文明的威胁和侵略时，由于生存本能的极限刺激而在短时间内爆发出所有的科技进步潜能，将原本几百年甚至上千年才能实现的科技突破压缩在几十年的短时间里完成，仿佛一场不可能完成的技术大爆炸和文明大跨越。

技术爆炸也可称为"技术奇点"（technological singularity），事实上，技术爆炸也好，技术奇点也好，并不仅仅存在于科幻小说，在人类科学发展史上是真实发生过的。

人类近现代史上蒸汽技术革命、内燃机和电力技术革命、信息技术革命都称得上是当之无愧的技术爆炸，对此，《三体》中也有相应描述："人类文明有五千年历史，地球生命史长达几十亿年，而现代技术是在三百年时间内发展起来的，从宇宙的时间尺度上看，这根本不是什么发展，是爆炸！技术飞跃的可能性是埋藏在每个文明内部的炸药，如果有内部或外部因素点燃了它，轰一下就炸开了！"

除了上述人类社会整体的技术大爆炸，各种局部的技术小爆炸也时有发生，日本明治维新、中国改革开放等历史演变奇迹，都是通过"技术爆炸"带动生产力的发展，实现历史性跨越。

我们判断，在即将来临的元宇宙时代也会出现类似的技术爆炸，论据在于——

1. 先有思想启蒙，再有技术爆炸

人类历史上的工业革命和基础科学突破之前，发生了文艺复兴和思想上的启蒙运动，解放了思想，解放了人性，才有科学技术的大突破。

小说中的三体世界技术水平虽然远高于地球，但也已经处于长时间的停滞不前状态。发现地球后，大量涌入的人类文化使三体世界发生了深刻变化，人类的部分价值观得到认同，三体人意识到了其极权体制对科学的阻碍，思想自由得到鼓励，个体的价值得到尊重，遥远的三体世界出现了类似地球上文艺复兴和思想启蒙运动，技术爆炸随之而来，一个最具代表性成果是三体世界突破了光速飞船技术。

当下，元宇宙的概念持续升温，全世界都在谈元宇宙，从国内到国外，从资本圈到科技圈，科技巨头、投资人士、创业新贵都对元宇宙心驰神往，还吸引了很多不明所以的吃瓜群众。元宇宙的启蒙期正式开启，而且借助现代爆炸式的信息传播方式，也会加速度过启蒙期，迅速进入爆发期，带来技术的非线性突破。

2. 大量科技公司、创业公司、资本入局

传统的经济学理论认为技术突破是"外生"的，是随机的，就像天上掉馅饼，比如人类历史上的两个"奇迹年"，随机性地出现了两个天才人物。保罗·罗默（Paul M. Romer）[①]通过1986年发表的论文《收益递增和长期增长》和1990年发表的《内生技术进步》，建构起了"内生增长理论"体系。

罗默的开创性在于，他认为技术是内生的，在完全竞争环境中，人均产出可以在速率递增的状态下无限增长，投资率和资本收益率亦可以在资本存量增加时不断增长。

内生增长模型有三个前提。

（1）技术变革是增长的核心。

（2）技术变革源于受市场激励推动的有意识的投资行为，是内生因素而非外生因素。

（3）技术既不是传统商品，也不是公共物品。技术进步是追求利润最大化的投资行为引起的，这进一步推动了内生增长理论的发展。

1995年，罗默在接受美国《福布斯》（Forbes）杂志副刊 ASAP 采访时，指出："如果你只是单独一人，发现金矿的机会是如此之小，以至于真的找到金矿的话也会被看成是完全的意外发现。但如果一万人出动找金矿的

---

① 美国经济学家，新增长理论的主要建立者之一。现任纽约大学经济学教授，斯坦福大学经济学教授，2018年诺贝尔经济学奖获得者。

话,那找到金矿的机会将大大地提高。若是把社会作为一个整体,就可以看到不论是找金矿还是开发技术,都是个我们为其付出多少努力的函数。"

罗默认为,某些特定的技术突破或许是随机出现的,但技术全面地增加是与我们为其贡献的资源成比例的。一旦有了规模投入,技术大爆炸才有可能出现。

技术创新理论领域的"新熊彼特学派"[①]也强调技术创新和技术进步在经济发展中的核心作用,认为企业和企业家是推动创新的主体,侧重研究企业的组织行为、市场结构等因素对技术创新的影响,提出了技术创新扩散、企业家创新和创新周期等模型。

当前的元宇宙赛道已经聚集了包括脸书、微软、苹果、谷歌、亚马逊、特斯拉、索尼、HTC、英伟达、腾讯、字节跳动、阿里巴巴、百度、高通、小米、Roblox、Epic Games、以太坊等科技巨头和元宇宙概念公司,同时还有大量资本[私募股权投资(PE)、风险投资(VC)]入局。

最优秀的企业和企业家、最顶尖的工程技术人才、研发平台、资本汇聚一起,已经满足了罗默所言的大规模投入,"找到金矿的机会将大大增加",元宇宙底层技术的量级突破值得期待。

3.国家层面力量的推动

技术创新领域还存在一个"国家创新体系学派",以英国学者弗里曼、美国学者纳尔逊为代表,该学派通过对日本、美国等国家或地区创新活动特征的实证分析,认为技术创新不仅仅是企业家的功劳,也不是企业的孤立行为,而是由国家创新体系推动的。在近代历史上,从英国到德国、美国,再到日本,这些技术领先国家的追赶和跨越不仅是技术创新的结果,还得益于制度和组织创新,是一种国家创新体系演变的结果。

国家力量对科技进步和技术突破的推动,其力量是企业不可同日而语的,比如"曼哈顿计划"。

1939年,第二次世界大战爆发,德国、苏联、法国、日本、英国等国,

[①] 约瑟夫·熊彼特(Joseph Alois Schumpeter,1883—1950),"创新理论"和"商业史研究"的奠基人,是一位有深远影响的美籍奥地利政治经济学家。

都在积极投身核裂变研究,希望早日研制出原子弹,扭转战局。

1941年12月6日,美国政府正式启动研制原子弹的"曼哈顿计划",1942年,开始建设用于原子弹研究的阿拉莫斯实验室,由著名物理学家奥本海默(J. Robert Oppenheimer)①担任实验室主任。

1942年,费米研究小组在芝加哥成功建立了核反应堆,首次控制住了原子释放的能量,为美国的原子弹计划提供了重要的实验数据。

"曼哈顿计划"在奥本海默的领导下,先后突破了几大重要工程技术难题:利用反射层提高了燃料使用效率;利用德迈耶的"爆"法解决了起爆问题;解决了铀235的提纯问题。

1945年7月16日,美国首颗原子弹爆炸成功。

美国在短短4年内就研制成功原子弹,同国家发起的"曼哈顿计划"是密不可分的,该计划耗资20亿美元,投入了50多万人力,其中科研人员15万,动用了全国1/3的电力。

元宇宙作为下一阶段的技术进步突破口,是一个庞大的系统,不仅需要企业和资本的参与,也需要国家、国际组织、行业协会方面的力量推动,我们看到包括日本、韩国在内的一些政府、组织已经致力于元宇宙的推进工作,我国也强调要"把握数字经济发展趋势和规律,推动我国数字经济健康发展",数字经济同元宇宙的发展方向是一致的。

诸多合力作用下,相信元宇宙将是技术爆炸时代带来的新世界,也是未来生活的新方式。

3.2.3 元宇宙领域近年来的技术突破

创刊于1899年的科技商业杂志《麻省理工科技评论》自2001年起,每年都会评选出世界范围内的"十大突破性技术",作为站在世界科技最前沿的权威杂志,对前沿技术商业化及影响力有其独到的研判。

---

① 著名美籍犹太裔物理学家、"曼哈顿计划"的领导者,美国加利福尼亚大学伯克利分校物理学教授,被誉为"原子弹之父"。

近三年（2019年、2020年、2021年），入选"十大突破性技术"且同元宇宙概念相关的技术主要有以下几种。

1. 灵巧机器人（2019年）

技术突破意义：灵巧机器人掌握了自我学习能力，从而能应对复杂的现实世界，可以胜任更多的任务。

主要研究者：OpenAI（人工智能非营利组织）、卡内基梅隆大学、密歇根大学、加利福尼亚大学伯克利分校。

预计成熟期：3～5年。

元宇宙应用场景：赋予AI学习能力；升级传统产业，为传统产业的全面数字孪生打下基础，打造虚拟世界的数字孪生体，实现线下工厂的AI化、无人化。

过去，工业机器人通常较为笨拙，不够灵活，虽然能够不断重复相同的动作，保持超高的精度，但其灵活性、变通性不足。举例来说，只要目标物体被稍微移动了一点，或将其替换成不同的零件，机器人的抓取过程就会变得十分笨拙甚至直接抓空。

如今，虽然我们还无法让机器人做到和人一样，在看到物体后就明白如何将其拿起，但它已经可以通过在虚拟空间里进行反复的试验，最终自主学会处理眼前的物体。

位于旧金山的非营利组织OpenAI研制的AI系统Dactyl，当前已经能够成功操控一个机器手让其灵活地翻转一块积木。这是一套神经网络软件，能够通过强化学习，让机器人在模拟的环境中学会抓取并转动积木后，再用机器手进行实际操作。

一般情况下，人们无法让机器人将模拟练习中获得的知识应用到现实环境里，因为我们很难模拟出像摩擦力或是材料的不同性质等复杂变量。而OpenAI团队则通过在虚拟训练中引入随机性来克服这个问题。

将来，如果能让机器人掌握这种练习、学习方法，它们会变得更加聪明、智能。

2. 流利对话的 AI 助手（2019 年）

技术突破意义：捕捉单词之间语义关系的新技术正在使机器更好地理解自然语言。人工智能助手现在可以执行基于对话的任务，如预订餐厅或协调行李托运，而不仅仅是服从简单命令。

预计主要研究者：谷歌、阿里巴巴、亚马逊。

成熟期：1～2年后。

元宇宙应用场景：赋能元宇宙内容生态建设。

2018 年 6 月，OpenAI 的研究人员开发了一种技术，可以在未标记的文本上训练人工智能，以减少人工对数据进行分类标记时花费的成本和时间。

几个月后，谷歌的一个团队推出了一个名为 BERT 的系统。该系统在研究了数百万个句子后学会了如何预测漏掉的单词。在一个多项选择测试中，它在填空方面的表现和人类一样好。这种智能系统将能够帮助人们处理日常琐事，如做会议记录、查找信息、接听电话、网上购物，未来还可能具备自主创作能力。

阿里巴巴推出的 AliMe，可通过电话协调包裹递送，还可以与顾客讨价还价。

3. 防黑（量子）互联网（2020 年）

技术突破意义：传统互联网越来越容易受到黑客攻击，而量子网络将无法被黑客攻击。

主要研究者：代尔夫特理工大学、量子互联网联盟、中国科学技术大学。

成熟期：5 年。

元宇宙应用场景：提供互联网 3.0（元宇宙）时代网络安全、数据安全的技术保障。

基于量子物理学的互联网，将带来稳定而安全的通信。代尔夫特理工大学的斯蒂芬妮·韦纳（Stephanie Wehner）领导的团队，正在通过量子技术建立一个可以连接荷兰 4 个城市的网络，该技术依赖于一种被称为"量子纠缠"的粒子行为，纠缠的光子在不破坏其内容的情况下无法被秘密读取。

纠缠的粒子创建起来很难，实现远距离传输粒子，难上加难。韦纳的团队当前已经可以将这种粒子发送超过 1.5 公里的距离，而更远距离的网络连接将需要量子中继器来扩展，代尔夫特理工大学和其他一些机构正在设计这种中继器。韦纳称，第一个量子中继器将在未来 5～6 年内完成，并在 21 世纪 20 年代末建成一个全球量子网络。

通过量子网络发送的消息将无法破解，安全度极高。

4. 数字货币（2020 年）

技术突破意义：实体货币使用频率不断下降，数字货币技术开始占据全球金融体系中越来越重要的位置。

主要研究者：中国人民银行、Facebook。

成熟期：2020 年。

元宇宙应用场景：打造元宇宙经济系统。

2019 年 6 月，Facebook 推出了一款名为 Libra（天秤币）的"全球数字货币"，但遭到很多政府的抵制，它也许永远不会被启用，因为缺乏官方背景。2019 年 10 月，Facebook CEO 扎克伯格向美国国会承诺，Libra "将提升美国的金融领导地位，以及美国在世界范围内的民主价值观影响力和监督能力"。数字货币的战争已经打响。

在 Facebook 宣布这一消息后的几天内，中国人民银行暗示将加速数字货币的开发。中国显然考虑到了 Libra 可能对金融系统的潜在冲击，可能将会在国际上推行其数字货币。

5. 量子优越性（2020 年）

技术突破意义：量子计算机将能够解决经典机器不能解决的问题。

主要研究者：谷歌、IBM、微软、Rigetti、D-Wave、IonQ、Zapata Computing、Quantum Circuits。

成熟期：5～10 年或 10 年以上。

元宇宙应用场景：突破元宇宙诸多基石性技术底层算力的瓶颈。

量子计算机存储和处理数据的方式与我们常见的经典计算机完全不同，

因此可用来进行密码破解、新药和新材料研究中模拟分子精确行为等。

谷歌公司研发了一台拥有53个量子位元（量子计算的基本单位）的计算机"悬铃木"，试验中，该计算机仅用了3分钟就完成了一次计算任务，如果用传统的世界上最快的超级计算机，完成这一计算任务需要花费一万年。但IBM公司对此表示质疑，称最快的量子计算机也只能将运算速度提高一千倍。

量子计算机每增加一个量子位元，其运算速度就会提高一倍。这将是一个巨大的挑战：因为量子位越多，就越难维持它们微妙的量子态。谷歌的工程师相信他们的方法可以达到100～1 000个量子位，已经可以用来解决一些实际问题。

能够实现破解当今密码学的量子计算机将需要数百万个量子位，还需要一个漫长的过程。

6. 微型人工智能（2020年）

技术突破意义：借助人工智能技术驱动，设备不需要与云端交互就能实现很多智能化操作。

主要研究者：谷歌、IBM、苹果、亚马逊。

成熟期：现在。

元宇宙应用场景：AI；物联网。

传统人工智能发展中，为了构建更强大的算法，研究人员比较依赖大数据和计算能力，并依赖于中心化的云服务。这会造成大量能源消耗，还会限制运行速度，同时造成很多隐私问题。

微型人工智能正在扭转这种局面，科技公司正借助新的算法，在不损失性能的前提下缩小现有的深度学习模型。同时，新一代的专用人工智能芯片还能将更多的计算能力集成到更紧密的物理空间中，以较低的功耗来训练和运行人工智能算法。

其技术实践运用主要有：2019年5月，谷歌宣布可以在用户手机上运行谷歌助手，而无须向远程服务器发送请求；从苹果的iOS13操作系统开始，iPhone 上也可本地运行 Siri 的语音识别功能和 QuickType 键盘；IBM 以及亚马逊公司也提供了开发平台来制作和部署微型人工智能。

微型人工智能将提高语音助手、自动更正和数码相机等服务的速度。此外，微型人工智能也将使新的应用成为可能，比如基于移动端的医学影像分析或对反应时间要求更快的自动驾驶汽车。而且本地化的人工智能更利于隐私保护，因为数据不再需要离开设备就能实现服务或功能的进化。

7. GPT-3（2021 年）

技术突破意义：借助学习自然语言的大型计算机模型，有助于可理解人类并与人类世界互动的 AI 技术的突破。

主要研究者：OpenAI、Google、Facebook。

成熟期：现在。

元宇宙应用场景：降低内容创作门槛。

继 DeepMind 的 AlphaGo 和 IBM 的 DeepBlue 之后，GPT-3 成为 AI 领域最能引发公众想象的存在。

GPT-3 是一种 "大型语言模型"（是一种利用深度学习的算法，通过数千本书和互联网的大量文本进行训练，将单词和短语串在一起），GPT-3 于 2020 年正式发布，能够模仿人类书写文本，逼真程度令人惊异。

GPT 3 掌握的这一能力，是通往真正的机器智能道路上的里程碑。

能够如此娴熟地运用语言的机器之所以重要，是因为语言对于理解日常世界至关重要，人类就是通过语言来交流、分享思想和描述概念的。换句话说，掌握了语言的 AI，可对世界产生更好的理解。

8. 数据信托（2021 年）

技术突破意义：面对个人数据被滥用这一情况，数据信托可以帮助更好地管理数据。

主要研究者：Google Sidewalk Labs。

成熟期：2～3 年。

元宇宙应用场景：去中心化、分布式数据存储，促进个人数据安全和隐私保护。

数据时代，在人们生活更加方便的同时，隐私和安全问题日益凸显。那么，是否有一个组织可以像工会维护劳工权利一样来维护人们的数据权利？并且，能够像医生一样，根据个人的数据管理帮助人们作出明智的决策？

数据信托将是一种可行性方案。

在法律上，信托是指基于对受托人的信任，委托人从其自身利益出发，将资产交给受托人管理的行为。而在数据信托中，受托人将被委托管理用户的数据。数据受托人有管理委托人的数据的权利，也对其利益负责。

谷歌的姊妹公司"人行道实验室"建议创立一个公民数据信托——希望在其智能社区Quayside入驻的公司必须申请收集和使用数据的许可证，并由社区成员组成的审查委员会对数据收集和使用进行监督，以保证这些数据能为用户产生价值。

虽然"人行道实验室"在2020年5月放弃了其Quayside项目，但其数据信托的提议为数据管理提供了思路：对于元宇宙实现过程收集到的数据，可以创建数据信托并对其进行管理。

对于数据引发的隐私、安全性等问题，数据信托不是唯一的解决办法，但能够控制数据、让数据共享造福人类的数据治理是十分必要的。

9. 多技能AI（2021年）

技术突破意义："多模态"系统能解决更加复杂的问题，让机器人能够实现与人类真正意义上的交流和协作。

主要研究者：艾伦人工智能研究所、北卡罗来纳大学、OpenAI。

成熟期：3～5年。

元宇宙应用场景：突破人工智能技术。

2012年底，科学家首次弄清了如何让神经网络"拥有视觉"，他们还掌握了如何让神经网络模仿人类推理、听觉、语言和写作的方式。虽然人工智能在完成特定任务方面已经变得非常像人类，甚至是超越人类，但它

仍然没有人类大脑的"灵活性",即人脑可以在一种情境中学习技能,并将其应用到另一种情境中。

为了解决这一难题,2020年9月,艾伦人工智能研究所AI2的研究人员创建了一个可以利用文本标题生成图像的模型,展示了算法将单词与视觉信息关联的能力;11月,北卡罗来纳大学教堂山分校的研究人员开发了一种将图像纳入现有语言模型的方法,此举提高了模型的阅读理解能力;2021年初,OpenAI对GPT-3进行了扩展,发布了两个视觉语言模型,其中一个将图像中的对象与标题中描述它们的单词联系起来,另一个则根据它所学的概念组合生成图像。

从长远来看,以上"多模态"系统取得的重大进展可以帮助突破人工智能的极限,不仅会解锁新的人工智能应用,也会让它们的应用变得更加安全可靠,更加精密的多模态系统也将使更先进的机器人助手成为可能。总之,多模态系统可能会成为第一批我们可以真正信任的人工智能。

3.3 即将被攻克的元宇宙技术壁垒

2016年曾被认为是VR元年,但由于网速、算力、内容、场景等原因,VR行业发展非常缓慢,一度停滞不前。

元宇宙也面临同样的问题,巨量的信息涌入虚拟世界,对VR头显设备的算力、时间延迟、安全程度提出了极高的要求。

中信证券研报指出,技术条件仍是现阶段步入元宇宙所需要突破的门槛,未来在通信和算力、交互方式、内容生产等领域的突破,将陆续拉近与元宇宙时代的距离。

用来弥补传统算力不足的边缘计算、量子计算技术正在全力突破中,能进一步降低延迟、速度更快、更智能的6G网络正在布局,能带来终极交互体验和沉浸感的脑机接口技术也在加速推进中。

3.3.1 边缘计算：弥补元宇宙算力的不足和缺口

元宇宙将会产生人类历史上最大的持续计算需求，元宇宙作为一个"镜像世界"，每时每刻都在运转，其中，物理计算、渲染、数据协调和同步、人工智能、投影、动作捕捉和翻译等多样化功能，都是必不可少的。比如通过触觉传感器的信号转化成人物在元宇宙中相应的动作，其中复杂的转换就需要计算能力的参与，而此类计算将是海量的。

未来的元宇宙将是三维甚至更高维度的世界，同二维世界相比，需要渲染的计算量会呈指数级增加，元宇宙时代需要匹配的计算能力将要比移动互联网时代高出很多数量级。

当前的计算能力不足以支撑元宇宙的需求，为了满足算力上的需求，继分布式计算、网格计算、云计算之后，又一新型计算模型——边缘计算被提出。

边缘计算是分布式计算架构，通过处理物理意义上更接近设备的数据，减少传输时间来提高运算速度，用来补充当前的云计算模型。具体来说，它处于远程的云端和本地的中间区域，用以帮助用户补充其本地计算能力，同时最大限度地减少基于网络的延迟和网络拥塞风险，将成为元宇宙的关键基础架构。

在 5G 的推动下，边缘计算有助于实现带宽密集型应用，例如自动驾驶汽车和 VR / AR。据 CB Insights 数据，边缘计算市场价值预计将超过 5 000 亿美元。

当前，美国五大科技巨头脸书、亚马逊、微软、谷歌和苹果已经全面介入边缘计算领域。

1. 脸书

Facebook 除了进行一些边缘计算基础设施开发和部署的研究外，主要的投资方向为低延迟的 VR 和游戏等新兴边缘应用，以从分布式计算模型中获益。

Facebook 在 AR/VR 处理密集型任务技术上投入了大量资金。2014 年，Facebook 斥资 20 亿美元收购了 VR 独角兽 Oculus。随后，Facebook 又相继收购了其他 9 家与 AR/VR 相关的公司。

在游戏领域，Facebook 于 2019 年以 7 800 万美元收购了西班牙游戏公司 PlayGiga。2020 年 4 月，Facebook 推出了一款游戏应用程序，可以让用户在玩直播游戏时互动。

Facebook 最终会将其 VR/AR 功能与游戏产品结合起来，让用户有更加身临其境的体验，而这些功能的实现会高度依赖边缘计算。

2. 亚马逊

亚马逊正在扩展 AWS（Amazon Web Services，亚马逊云服务）的功能，投资智能家居和自动驾驶等新兴应用，在边缘计算领域站稳了脚跟。

虽然亚马逊很早就开始将云计算商业化，但这种模式可能无法满足许多新兴应用的低延迟要求。为了解决这些不断变化的需求，亚马逊 2019 年末发布了两个新的云基础架构模型，使数据处理更接近边缘。

第一个架构是 AWS Local Zones，旨在为客户（通常位于人口稠密的地区）提供距离其更近的数据中心，向最终用户提供更快、更优质的响应体验。亚马逊已经在洛杉矶推出了这个基础架构，并将 Netflix 和 Luma Pictures 列为最初的客户。

第二个架构是 Wavelength，目的是通过使用电信提供商的基础设施，在无线网络上部署 AWS 存储和计算资源来支持 5G 应用。这个架构最早应用在芝加哥，Bethesda Softworks 和美国国家橄榄球联盟（National Football League）是早期采用此架构的客户。

3. 微软

早在 2018 年，微软就宣布计划在 4 年内向边缘计算和物联网投资 50 亿美元。

从那时起，微软就将其公有云功能扩展到边缘，投资了一些服务型企业，它们能在企业运行大型设备时，满足一些管理和安全需求。另外，微软将持续加注可能从边缘计算中受益的 AR 和游戏。

2020 年初，微软推出了 Azure Edge Zones，以扩大其在边缘计算领域的影响力。该产品与亚马逊的 Wavelength 相似，通过多种方式使数据处理更接近最终用户。

4. 谷歌

边缘计算带来的市场机会将在多个方面对谷歌产生影响，最显著的是它的云平台和硬件。为了适应这些变化，谷歌与电信供应商建立了关系，将云计算能力扩展到了边缘，投资了追踪器和智能眼镜等设备。

同亚马逊和微软类似，谷歌正通过和 AT&T、Telefonica 在内的电信供应商合作，将其云计算能力应用于新兴的 5G 网络。这将扩展谷歌现有的边缘存在点（PoPs）和边缘节点基础设施，这些前哨站可以用来传输缓存的内容。

将数据转化为行动是边缘计算的核心宗旨。谷歌 2019 年 6 月以 26 亿美元的价格收购 Looker，希望以此来增强其在云中的数据分析能力，从而获得边缘计算优势。

与此同时，谷歌的 Coral 提供了完整的本地 AI 工具包，将 AI 算力下沉到边缘侧，从而帮助用户在设备上进行本地创建、训练和运行神经网络。其中的重要组成部分是 Edge TPU，这是一款 ASIC（专用集成电路）芯片，专为边缘计算推出。从长远来看，随着谷歌继续在数据收集节点提供计算能力，预计边缘设备将承担更大的计算责任。

5. 苹果

苹果正在采取设备驱动的方法来进行边缘计算。当微软、亚马逊和谷歌正在向边缘扩展云足迹时，苹果则专注于设备级的数据处理。它在设备功能和人工智能应用方面的投资有助于保持数据的本地性，避免往返于云端，为此，苹果在芯片、自动驾驶、AI 领域展开了一系列投资和收购。

在诸多行业巨头的驱动下，相信边缘计算技术在不久的将来会取得重大突破，弥补元宇宙算力的不足。

3.3.2 量子计算:科技巨头、学术机构纷纷入局

2020年12月4日,中国科学技术大学宣布该校潘建伟[①]团队成功构建76个光子的量子计算原型机"九章",使我国成为继美国后,全球第二个实现"量子优越性"的国家。

根据现有的最优经典算法,"九章"处理高斯玻色取样问题的速度比目前最快的超级计算机日本"富岳"快100万亿倍,标志着我国也成功达到了量子计算优越性的里程碑阶段,且"九章"的等效速度比谷歌的"悬铃木"快100亿倍左右。

在超导量子计算方面,我国近期也有望实现超越谷歌的"量子计算优越性"。

量子计算优越性是量子计算机的一个门槛,是指新生的量子计算原型机,在某个任务上的计算能力超过了最强的传统计算机,证明其未来有多方超越的可能。

在潘建伟院士看来,国际学术界公认的量子计算发展有三个里程碑阶段——

第一,实现量子计算优越性。量子计算机对特定问题的计算能力超越超级计算机,这需要相干操纵约50个量子比特。例如,2019年谷歌研制的量子计算原型机"悬铃木"就包含53个超导量子比特,在求解随机线路采样问题上超越了超级计算机,首次成功实现了量子计算优越性,它的主要意义在于证明了量子计算机是可以超越经典计算机的。

第二,实现专用量子模拟机。其需要相干操纵数百个量子比特,用来解决若干超级计算机无法解决的实用问题,例如量子化学、新材料设计、优化算法等。突破到这一阶段,量子计算机才能真正在实践中发挥用途。这也是当下主要的科研任务,未来3~5年有望实现。美国IBM公司就提

[①] 中国科学技术大学常务副校长,中国科学院量子信息与量子科技创新研究院院长,中国科学院院士。

出希望在 2022 年达到 433 量子比特，到 2023 年达到 1 000 量子比特。

第三，实现可编程的通用量子计算机。其需要相干操纵至少数百万个量子比特，同时将量子比特的操纵精度提高到超越容错阈值（>99.9%），能在经典密码破解、大数据搜索、人工智能等方面发挥巨大作用。到了该阶段，量子计算机就可以像传统计算机一样用来快速解决实际问题。实现起来可能还需要 20 年甚至更长的时间。

量子计算，是一种遵循量子力学规律调控量子信息单元进行计算的新型计算模式，即利用量子物理的反直觉特性来建造新型计算机。在某些数学领域，量子计算机的运算能力可以超过任何非量子机器，可以快速完成密码学、化学和金融领域的计算。

随着数据量的爆炸式增长，传统计算已经无法满足更快捷、更精准计算运行的需求，而量子计算的优越性越来越凸显，甚至被业界誉为"第四次工业革命的推手"，成为群雄必争的"下一个战场"。

元宇宙构建的虚拟世界几乎包含了真实世界的所有元素，进入元宇宙的人数不断增加，对数据中心提供的算力支撑提出了巨大挑战，未来能够支撑元宇宙的数据中心或许需要引入量子技术的助力。亚马逊云科技 Braket 总经理 Richard Moulds 称："量子计算能够从根本层面上完成凭借现在的传统计算技术无法完成的计算任务。"

如同边缘计算一样，量子计算也是元宇宙时代急需攻下的另一个技术高地，以解决算力不足的难题。

当前，量子计算领域的参与者主要有四类主体。

第一类，国际科技巨头，如 IBM、谷歌、霍尼韦尔、亚马逊、微软、腾讯、阿里巴巴等。

第二类，量子计算初创公司，如 Rigetti、IonQ 等。

第三类，国家科研院所，如美国费米国家实验室、美国阿贡国家实验室、中国科学院量子信息与量子科技创新研究院。

第四类，世界级的高水平研究型大学，如剑桥大学、中国科学技术大学、

哈佛大学等。

光子盒研究院报告显示，2020年，全球量子计算市场规模总量约为3.25亿美元，预计2023年的市场规模约为7.99亿美元，到"量子计算商用元年"的2030年，全球市场规模将增长至76.75亿美元。而另一机构赛迪顾问的预测更为激进，其预测2030年全球量子计算市场规模有望超过140.1亿美元，到2035年这一数字将达到489.7亿美元。

可以肯定的是，随着越来越多的科技公司、学术机构布局、加码量子计算领域，量子计算有加速突破的趋势。近几年，量子比特数几乎每年翻一番，像极了当年半导体芯片诞生时的摩尔定律，而知名科技公司纷纷加入战场，也传递出了这样一个信号——量子计算的商用时代即将来临。量子计算机的发展，不仅能带来巨大的算力提升，而且量子计算与人工智能的结合，还可能带来更强大的AI。量子计算与计算物理、计算化学结合，可能带来新的基础科学革命与突破，让我们拭目以待。

3.3.3　6G网络：实现元宇宙真正意义上的身临其境

2021年9月16日，我国IMT-2030（6G）推进组[①]在北京召开了首次6G研讨会，对6G领域的愿景需求、技术创新和关键技术研究领域进行了探讨。

同一天，日本《日经亚洲评论》（*Nikkei Asian Review*）称，中国正致力于发展第六代移动通信技术（6G）能力。从6G专利申请量上来看，中国以40.3%的占比高居全球首位，美国占比35.2%位居第二，日本以9.9%排名第三，其次是欧洲的8.9%和韩国的4.2%。

中国的专利申请大多与移动基础设施技术有关，大部分的专利属于华为公司，除华为外，中国其他大型专利持有者还包括国家电网有限公司和中国航天科技集团有限公司等国有企业。

相对5G，6G的突破在于——

---

① 由中华人民共和国工业和信息化部深入贯彻落实党中央、国务院决策部署，会同国家发展和改革委员会、科学技术部指导产业界成立。

第一，覆盖更广。6G 能实现"海、陆、空、天"全覆盖，中国科学院院士、中国工程院院士李德仁称："5G 难以覆盖全部陆地，况且陆地在地球上只占了 29%，所以 5G 网络需要靠 6G 卫星通信来补充。6G 技术是把陆地无线通信技术和中高低轨的卫星移动通信技术及短距离直接通信技术融合在一起，解决通信、计算、导航、感知等问题，组建空、天、地、海都覆盖的移动通信网，实现全球覆盖的高速智能网络。"

第二，速度更快。6G 的传输能力比 5G 可能要提升 100 倍，理论网速能达到每秒 1TB，网络延迟也可以从毫秒级降到微秒级。中国移动通信公司公布 6G 网络的特征，总共有 7 项。

（1）6G 网络的峰值速率要达到太比特级（Tbps）。

（2）用户体验速率达到吉比特级（Gbps）。

（3）用户的时延接近实时处理海量数据。

（4）无线网络的可靠性接近有线传输。

（5）6G 流量密度和连接数密度比 5G 提升至少 10 倍，甚至千倍。

（6）支持高速移动通信，速度突破 1 000 公里/小时，不仅支持高速铁路的通信覆盖，还支持对飞机的覆盖。

（7）在频谱效率上能够有 2~3 倍的提升。

第三，更智能。除了更广更快，6G 网络还将实现地面和卫星通信网络的互通，应用也会更加智能。过去的通信技术多以基站和网络设备为中心，而 6G 将突破传统通信单一维度，进行通信、计算、感知和能量等的深度融合，更好地满足未来的智能应用。

近年来，智慧交通、无人机、元宇宙、沉浸式拓展增强/虚拟现实、高精工业互联网等新兴的智能应用不断演进发展，5G 网络已经无法高效支撑很多智能应用，所以相关各方都正在大力研发 6G 网络。

4G 网络是无法支撑元宇宙时代的虚拟空间信息传输的，5G 是基础，但是 5G 只能实现最初级的元宇宙信息传输，比如虚拟的购物商场、虚拟的旅游景区、虚拟的办公空间、虚拟的会议室等，5G只是拉开元宇宙的帷幕。而更复杂的大规模超清虚拟世界的信息传输利用5G是远远不够的，如果我们想在元宇宙中进行视频会议，就需要更好的通信，需要6G。

元宇宙的很多技术场景都需要6G技术来支撑，虚拟世界的感知主要依赖摄像头、光电二极管、飞行时间传感器、惯性传感器和手柄等，显示设备要靠头戴式显示器或者全息眼镜，其体验远达不到深度沉浸，未来6G可以为元宇宙提供实时交互、巨容量、全要素感知等，能让用户体会到真正意义上的"身临其境"。

2021年6月6日，我国IMT-2030（6G）推进组正式发布《6G总体愿景与潜在关键技术》白皮书（以下简称"白皮书"）。

白皮书指出，未来6G业务将呈现出沉浸化、智慧化、全域化等新发展趋势，将形成沉浸式云XR、全息通信、感官互联、智慧交互、通信感知、普惠智能、数字孪生、全域覆盖等八大业务应用。

上述6G的运用场景，都同元宇宙的实现有直接关联。

IMT-2030（6G）推进组组长、中国信息通信研究院副院长王志勤在研讨会上提出，"5G是人人、人物互联，6G逐渐增加更多的智能体，同时从万物互联实现万物智联，更多地实现物理世界和虚拟世界的共生发展。最近元宇宙概念比较火，其实也是虚拟世界和物理世界更多的交互和未来的共存共生过程。"

中国移动通信研究院副院长黄宇红则表示："未来不仅会有物理世界，也将有数字世界，一方面是对物理世界的孪生世界，另一方面也会演变成所谓的元宇宙和平行世界。可能这个元宇宙不仅是对现实世界的模拟和仿真，更重要的是自身也已经有很多的变化，也是和物理世界、虚拟世界交互发展，这对6G的发展有非常大的驱动力。"

当前，抢占6G赛道的国家并非只有中国和美国。瑞典的爱立信和芬兰奥卢大学也发表了各自的6G白皮书，欧盟也在推6G标准化，欧洲电信标准协会也成立了一个研究小组。韩国的三星电子和LG电子也已经建立了6G开发中心，政府正在资助开发工作。

6G 作为新一代移动通信技术演进的重要方向，将在 5G 基础上全面掀起经济社会数字化浪潮，促使人类进入一个数字孪生、万物智联的全新元宇宙时代。

3.3.4 脑机接口：现实世界和虚拟世界的终极入口

未来，用户接入元宇宙的最理想设备或许不是 AR、VR 等交互设备，而极有可能是脑机接口。

《攻壳机动队》《黑客帝国》等科幻作品，已经为人们展示了通过脑机接口进入虚拟世界的场景。脑机接口，即通过大脑与计算机的连接，人们就可以在虚拟世界中自由地获取信息、开展社交，甚至获取味觉、触觉等多种感觉的体验。

直接用大脑思维活动的信号与外界进行通信，甚至实现对周围环境的控制，是人类自古以来就追求的梦想。形成于 20 世纪 70 年代的脑机接口技术是一种涉及生物工程、计算机技术、通信等多学科的交叉技术。脑机接口，即大脑和计算机直接进行交互，也被称为"意识—机器交互"、神经直连。

法国小说家儒勒·凡尔纳（Jules Gabriel Verne）[①] 有句名言："但凡人能想到的事物，必有人能将它实现。"

科技狂人埃隆·马斯克（Elon Musk）就是这种人，他不会让想法停留在脑海中，总是迫不及待地想让其变为现实。以马斯克为代表的科技狂热爱好者认为，人类完全可以通过机械设备与计算机的配合，实现对大脑功能的开发和转化，脑机接口就是其中的一种设想。

2021 年 4 月，埃隆·马斯克激动地发推文称，一只猴子"真的在用大脑芯片进行心灵感应，玩转电子游戏"。马斯克旗下脑机接口公司 Neuralink 在猴子的大脑中植入两组微型电极，电极发出的信号可以无线传

---

① 19 世纪法国小说家、剧作家及诗人，代表作有《海底两万里》《气球上的五星期》《八十天环游地球》等。

输,后被附近的一台电脑解码,使这只猴子能够仅凭思维就在乒乓球游戏中移动屏幕上的球拍。

该公司还演示了最新一代侵入式脑机接口设备,展示了三只大脑植入该脑机接口的小猪,目前计划将在安全性测试并获得许可后进行人体测试。

Neuralink 早期投入基本上是由马斯克自掏腰包。经过 2017 年和 2019 年的前两轮独自领投 1.5 亿美元后,Neuralink 终于在 C 轮获得了 2.05 亿美元的融资,其脑机接口技术得到了投资人的认可。

识别脑信号,并对大脑功能区进行定位是脑机接口技术的基础。在中国科学院自动化研究所,从事脑机接口技术研究的何晖光教授将这项技术简单归纳为一个"减法"的过程:"人在静息状态下,他的大脑里就会有一个基本的信号 A。如果看到了东西,大脑接受了视觉刺激,它就会有一个专门的区域作出直观的反应,产生了信号 B。用信号 B 减去信号 A,我们就能发现对应视觉工作的区域是什么。"

尽管已经取得了初步进展,脑机接口核心技术的突破仍然困难重重。

清华大学生物医学工程系教授高上凯是我国第一批研究 BCI 技术的学者之一,他将脑机接口的发展总结为"3I 演化模型":接口(interface)、交互(interaction)、智能(intelligence)。

高上凯介绍称:"从最开始的通过通信接口让大脑控制机器,到现在人脑与机器之间进行交互,再到未来人机之间的协同智能,脑与机之间的联系会越来越紧密。但要实现脑与机之间无缝的关联,科学家们还有很长的路要走。"

脑机接口分侵入式和非侵入式,侵入式的脑机接口设备在医学上已经有了诸多成功的突破和应用。浙江大学研究团队已利用 Utah 阵列电极实现了高位截瘫患者用意念控制机械臂完成握手、饮水、进食等动作。

位于旧金山的生物科技初创公司 Synchron 的技术团队也正在开发一种不需要开颅手术就能将设备植入患者大脑的方法。在设备植入后,可采集大脑信号,将大脑信号传递到接收器,再由破译器将大脑信号转换成可以被电子设备所用的信息。

一个值得重视的问题是，侵入式脑机接口设备存在侵入手术对大脑的创伤、侵入器件长期在体的安全性问题。

而非侵入式设备要实现侵入式设备的交互效果，就要不断去接近侵入式设备采集的信号极限，才有可能让非侵入式设备去取代侵入式设备的功能。

按照马斯克的设想，脑机接口设备的短期目标是治疗一些常见的脑部疾病，终极目标则是让人类和人工智能技术融合，实现深度人机交互。

除了马斯克的 Neuralink，美国国防高级研究计划局（DARPA）、Facebook、谷歌、亚马逊等机构和科技巨头也都在积极布局"脑机接口"领域，科研成果不断涌现，已形成较高的技术壁垒。

在元宇宙的终极未来，成熟的脑机接口技术，或许将会让物理世界与数字世界、真实与虚幻、线下与线上的界限不再泾渭分明，元宇宙将成为同物理世界并驾齐驱、互相纠缠、虚实相生的一种全新的"混合现实"。

3.4 元宇宙技术耦合的"美第奇效应"

史蒂夫·乔布斯曾说过："生命里的每一个点都会最终连成线。"苹果推出的颠覆性产品 iPhone 就是技术连点成线的突破。

元宇宙是一个庞大的生态系统，底层有八大技术基石，元宇宙的突破不是单项技术的突破，而是人工智能、AR、VR、大数据、云计算、5G、数字孪生等技术的全面爆发与连点成线，是技术组合所带来的超预期变革。

元宇宙是不断的"连点成线"的技术创新总和，是很多个 iPhone 级美第奇效应（Medici effect）的再连线、再组合。

3.4.1 美第奇效应：技术组合带来的超预期变革

美第奇家族（意大利语：Medici），15 世纪至 18 世纪中期是佛罗伦萨的名门望族，在整个欧洲地区都拥有强大势力。

意大利文艺复兴的心脏地带就位于佛罗伦萨，文艺复兴时期最为人熟知的艺术家，多半与这座城市有着千丝万缕的联系。

例如，马萨乔、多那太罗、波提切利、达·芬奇、拉菲尔、德拉瑞亚、米开朗琪罗、提香、曼坦尼亚等，当我们听到这些如雷贯耳的名字时，或许很多人并不了解，在这些文艺复兴巨匠的背后，有一个共同的名字——美第奇家族。

这些大师的很多绘画、雕塑作品，本身就是为美第奇家族成员而作，包括后世人们所参观意大利文艺复兴展上的很多作品，主要来源就是佛罗伦萨乌菲兹美术馆，珍藏的多是美第奇家族的收藏和遗产。

从一定意义上讲，没有统治佛罗伦萨地区长达3个世纪的美第奇家族，就没有意大利的文艺复兴。

美第奇家族作为佛罗伦萨的名门望族，曾出资帮助各种学科、众多领域里的艺术家、学者。正是由于美第奇家族以及其他几个有着同类背景家族的大力支持，大量的雕塑家、科学家、诗人、哲学家、金融家、画家、建筑家齐聚于佛罗伦萨，他们居住在这座城市里面，生活、创作，彼此了解，互相学习，兼容并包，解放了思想，打破了不同学科、艺术、文化之间的壁垒，开创了人类历史上的一个新的思想纪元，便是后来被称为"文艺复兴"的那个时代。

这种现象被后人总结为"美第奇效应"——当不同文化、不同领域、不同学科，有如流淌的大河汇聚到一个点上，各种观念或撞击或融会，铸就了无数的、挣脱了思维桎梏的突破和创新。

美第奇效应对现代科技的突破，亦有指导和借鉴意义。

康宁公司（Corning）是一家有着悠久历史的公司，早在100多年前，这家公司就曾为爱迪生发明的灯丝配置了灯罩，后来，它还为电视机生产彩色显像管，为温度计制造提供特种玻璃，为LCD（液晶显示器）电子显示屏提供玻璃，该公司还发明了光纤。

康宁公司是人类历史上少数几家能够将技术创新持续百年且屹立不倒的公司，该公司在纽约的苏利文园区设有一个实验室，各学科、各领域研究人员在那里寻找使用玻璃的各种方法与物理学、数学以及化学等学科的基础理论之间的交叉点。

哥伦比亚人丽娜·埃切维莉娅是实验室研究小组的负责人,她所负责的是承载康宁公司未来前途的一个部门。丽娜·埃切维莉娅精力充沛、充满激情、思想开放。她希望康宁公司的研究人员都具备超凡的创造力,去过米开朗琪罗式的生活。她总是这样鼓励研究人员,"你要随心所欲,做自己感兴趣的,做那些能够使你从中学到东西的事情。人的激情就是从这些地方产生出来的,而创造力来自激情。"

她鼓励人们进行交流、沟通信息、互相协作以便能够创造或联结起他们感到带劲儿的那些项目。埃切维莉娅甚至首创了一个特别的"创造屋"(creative room),鼓励研究人员充分交流、沟通信息,人们在那里可以讨论他们所想到的任何问题,实现思维的碰撞,实现某种连接或创造。

康宁公司有一位名叫艾伦的理论物理学家,平时从事关于量子力学的前沿理论研究,总是一个人待在实验室的角落。埃切维莉娅邀请艾伦加入从事商用产品研究的小组,艾伦的高深理论知识被带到了产品开发小组中,几乎是突然之间,艾伦的到来就对康宁公司的产品研发和创造产生了巨大的影响,甚至比他过去 8 年间所从事任何一件事产生的影响都要大。

这便是康宁公司能够在创新的前沿领域生存下来的竞争秘诀所在,他们一直设法寻找各个领域、学科、文化、概念、范畴之间的交叉点,一旦交叉点被触发,便能获得前所未有的创新机会,于是便引发了美第奇效应。

美第奇效应,为科技研发、产品应用提供了一条新的非线性突破路径,技术组合、交叉、连点成线往往能带来超预期变革。

3.4.2　iPhone:技术创新"连点成线"经典案例

iPhone 诞生之前的功能机时代,手机的本质是一台无线通信设备。在非智能手机时代,手机主要用于电话、短信等传统通信功能。苹果智能手机的问世,使得手机真正突破了通信设备的范畴,成为一台集工作、休闲、娱乐、通信等功能为一体的设备。

有统计数据显示，初期 iPhone 用户就有高达 59% 的时间，是花在和传统通信无关的项目上。这是一个令运营商十分惧怕的数字，因为这意味着手机对运营商的直接依赖降低。这个数字如今应已在 90% 以上。

智能手机不仅仅是让运营商害怕，它颠覆了很多行业，据不完全统计，智能手机在很大程度上颠覆、替代了电话、数码相机、钱包、图书、杂志、报纸、计算器、手电筒、指南针、游戏机、MP3、地图、导航仪、手表、录音机（笔）、台历等产品（行业）。

iPhone 的问世，既是偶然，也是必然，它是美第奇效应的最佳体现，iPhone 的出现，其实是综合串联了多点触控屏、iOS、高像素摄像头、大容量电池等单点技术，这些单点技术连点成线，交叉融合于 iPhone 之上，乔布斯重新定义了手机，开启了移动互联网时代。

智能手机看似简单，其实是人类多种现代科技发展成果的结晶和集成结果。量子力学专家潘建伟曾指出："一部手机当中，至少凝聚了八项诺贝尔奖成果。"具体见表 3-2。

表 3-2　智能手机中包含的诺贝尔奖成果

序号	手机模块	诺贝尔奖项	获奖人（团队）
1	手机存储（巨磁阻效应）	2007 年诺贝尔物理学奖	法国 Paris-Sud 大学的 Albert Fert 以及德国尤里希研究中心（Forschungszentrum Jülich）的 Peter Grünberg
2	手机主板（集成电路）	2000 年诺贝尔物理学奖	科学家赫伯特·克勒默和杰克·基尔比，因"发明快速晶体管、激光二极管和集成电路"为现代信息技术奠定坚实基础
3	手机锂电池	2019 年诺贝尔化学奖	约翰·B. 古迪纳夫（John B. Goodenough，美国）、M. 斯坦利·威廷汉（M. Stanley Whittingham，英国）、吉野彰（Akira Yoshino，日本）
4	手机散热（石墨烯）	2010 年诺贝尔物理学奖	英国曼彻斯特大学科学家安德烈·海姆和康斯坦丁·诺沃肖洛夫
5	手机发光半导体成像器件	2009 年诺贝尔物理学奖	英国华裔科学家高锟、美国科学家博伊尔和史密斯

续表

序号	手机模块	诺贝尔奖项	获奖人（团队）
6	手机外壳（高分子材料）	1963年诺贝尔化学奖	K. Z. Egler（德国）、G. Natta（意大利）
7	手机屏幕（导体聚合物）	2000年诺贝尔化学奖	艾伦•J.黑格（美国）、艾伦•G.马克迪尔米德（美国、新西兰）和白川英树（日本）
8	屏幕（蓝色发光二极管）	2014年诺贝尔物理学奖	3名日本科学家赤崎勇（Isamu Akasaki）、天野浩（Hiroshi Amano）、中村修二（Shuji Nakamura）

3.4.3 元宇宙是不断的连点成线的技术创新总和

回顾过去20年，互联网已经深刻改变了人类的日常生活和经济结构。展望未来20年，元宇宙将更加深远地影响人类社会，重塑数字经济体系。元宇宙将联通现实物理世界和虚拟数字世界，是人类数字化生存迁移的载体，会极大提升体验和效率，扩展人的创造力，创造更多可能性。

元宇宙内涵不局限于互联网，它源于互联网，而终将超出互联网，是一系列高新技术的"连点成线"，可能带来超越人们想象力的新应用、新物种、新世界。

从系统层面剖析元宇宙，有以下应用层级。

第一，体验层。元宇宙为用户带来覆盖各种日常生活场景的超预期体验，供其进行娱乐、社交、消费、学习和商务工作。

第二，曝光层。其用来解决新体验触达用户的问题，包括广告系统、体验评价系统和精选的过程，还包括类似Steam平台、Epic Games平台、TapTap平台、Stadia云游戏等第三方商店/渠道。

第三，内容层。元宇宙里的体验和内容需要持续更新、不断降低创作门槛，提供开发工具、素材商店、自动化工作流和变现手段。

第四，空间计算层。其可实现无缝地混合数字世界和现实世界，使两个世界可以相互感知、理解和交互，包括3D引擎、VR/AR/XR、语音与手势识别、空间映射、数字孪生技术等。

第五，标准层。元宇宙经济系统的建立需要有一套共享的、广受认可的标准和协议作为基础，推动整个元宇宙体系的统一性以及虚拟经济系统的流动性。加密货币和 NFT 可以为元宇宙提供数字所有权和可验证性，区块链技术、边缘计算技术和人工智能技术的突破将进一步实现元宇宙的去中心化。

第六，人机交互层。随着微型化传感器、嵌入式 AI 技术以及低时延边缘计算系统的实现，预计未来的人机交互设备将承载元宇宙里越来越多的应用和体验。由于能提供更好的沉浸感，VR/AR 头显被普遍认为是进入元宇宙空间的主要终端，还包括可穿戴设备、脑机接口等进一步提升沉浸度的设备。

第七，基建层。基建层即元宇宙基础设施，元宇宙概念的爆火，是基础设施技术边际改善的必然产物。随着 5G、云计算和半导体等技术的成熟，虚拟环境中的实时通信能力将大幅度提升，支撑大规模用户同时在线，保证较低延迟，实现更为沉浸的体验感。

元宇宙的生态目前已经逐渐趋向成熟、完善，其技术框架主要包括三个层次。

第一层，底层技术支撑，包括底层架构和后端基建。底层架构由区块链、NFT、虚拟货币、人工智能、网络及算力等技术组成。后端基建由 5G、GPU、云化、交互技术、物联网、可视化及数字孪生组成。

第二层，前端设备平台，包括虚拟主机、AI 计算实体、AR/VR、智能可穿戴、触觉产品、声控产品、神经设备等。

第三层，场景内容入口，包括游戏、社交、体育、交易平台、会展、教育、购物等。

元宇宙是以上多层次技术不断的"连点成线"的技术创新的总和，涉及以下具体技术。

第一，游戏、GPU、AI、在线诊疗平台、电子商务、云、3D 引擎、算力、NFT、物流运输平台、5G、VR/AR、短视频、社交软件、操作系统、面板、区块链、AIoT（人工智能物联网）、CRM（客户关系管理）、传感器等。

第二，超高精度显示、3D 虚拟办公解决方案、多感设备、海量内容开

放世界游戏、3D社交平台、具有全息视觉体验的智能汽车、下一代算力、虚拟货币与现实货币接轨等。

第三，虚拟世界沉浸式设备、虚拟现实同步设备、虚拟世界经济系统与显示世界逐渐融合，高保真、高UGC生产3D真实世界规模的虚拟世界等，连点成线，不断融合，技术创新。

元宇宙依赖的不是人工智能、AR、VR、大数据、云计算、5G、数字孪生这样单个的技术，最终的爆发也将是一种美第奇效应，是技术组合带来的超预期变革。元宇宙是不断的"连点成线"的技术创新总和，是很多个iPhone级美第奇效应的再连线、再组合。元宇宙还包含许多独立工具、平台和基础设施，是由标准和协议支撑的物理世界和虚拟世界不断融合的结果。

元宇宙是虚拟世界和现实世界界限打破的结果，是虚拟世界和现实世界不断融合的未来。在这个过程中，一系列"连点成线"的科学技术的进步和产业聚合，将不断打破虚拟和现实的界限，构建虚实相生的元宇宙。

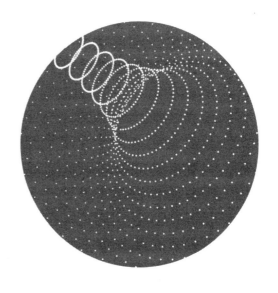

第4章
超级生态系统：协作、开放、去中心化

元宇宙的美好愿景不是由哪家特定公司构建的，它必须具有互操作性和可移植性。

——Facebook创始人、CEO 马克·扎克伯格

4.1 元宇宙生态系统

元宇宙将是一个无限系统,是一个开放的、互通的虚拟世界。元宇宙不局限于娱乐、商业及社交等领域,它涉及的范围将是无限的,现实世界的所有要素都可以数字孪生到虚拟的元宇宙,现实世界所不具备的元素也可以在元宇宙中被创造。

元宇宙是去中心化的,是一个由不同公司组成的大型协作生态系统,类似万维网的开放标准,用户可以自由地从一个小宇宙(平台)移动到另一个小宇宙(平台),拥有并维护自己在虚拟世界创造的数字资产。扎克伯格非常推崇这种模式,他说:"'元宇宙'的美好愿景不是由哪家特定公司构建的,它必须具有互操作性和可移植性。"

在元宇宙虚拟世界中,国家、公司的界限将被打破,这需要全球范围内的各类企业、组织共同去构建合作、共享、开放的机制,建立统一的底层协议,形成一个完善的虚拟世界生态系统,实现元宇宙的良性循环。

4.1.1 开放机制:世界互通的终极方案

互联网精神有四个关键词:开放、平等、协作、分享。

互联网的特质决定了它既没有时间界限也没有地域界限,互联网的开放精神不仅仅体现在物理时空的开放上,更体现在人们思维空间的开放上。不同背景、学识、行业、生活经历、地域的人都可以在网上就某一个话题展开讨论，畅所欲言，让思想的火花碰撞。

互联网所持有的开放精神，加速人类文明的进程，让世界变得更美好。尽管开放互通是互联网的初心，互联网也在很大程度上实现了这一点，但随着商业化的推进和竞争的加剧，互联网公司开始着力打造平台的小生态，对外却越来越封闭。在阿里巴巴的小生态看不到腾讯的生态，在腾讯的小生态看不到百度的生态，在百度的小生态看不到字节跳动的生态，刻意的互相屏蔽和流量封锁也不罕见……再比如，苹果的操作系统和独立接口成就了自己的小生态，同安卓系统互不兼容，原本秉持开放精神的互联网正在走向封闭。

互联网公司为了保护用户和数据，用封闭思维来圈养流量，就企业利益而言，无可厚非，但对于整个互联网开放生态的构建和用户体验的提升来讲，却是历史的倒退。

针对互联网的封闭趋势，2021年，工业和信息化部提出有关即时通信软件的合规标准，要求9月17日前各互联网平台必须按标准解除屏蔽，否则将依法采取处置措施。腾讯、阿里巴巴、今日头条等企业先后对此发表回应，表示将按照要求推进互联互通。

互联互通、开放协作更是关系元宇宙成功的底层逻辑之一。脸书公司指出："元宇宙不会为某一家公司所拥有和运营。它就像互联网那样，以开放性和互操作性为关键特征。"

元宇宙必须是开放的，否则就不是元宇宙，元宇宙的开放体现在三个层面。

1. 生态系统开放

确保用户可以随时随地自由进入元宇宙，元宇宙的虚拟世界同现实世界一样，会有无数个大大小小的宇宙，彼此之间可能还存在嵌套和交叉，小宇宙可以相对独立，但彼此间的通道务必要打通，确保生态系统的开放，让用户可以自由穿梭在各个小宇宙。如果在元宇宙中，苹果还是独立的苹果系统，同安卓互不兼容，亚马逊同沃尔玛互相阻隔，腾讯和阿里巴巴之间有一堵无形的墙，元宇宙就失去了存在的意义。

生态系统的开放，意味着各公司之间、各小宇宙之间可以相对独立，但不刻意设置互通障碍，它们中间要有一扇随时可以推开的门，让用户自由出入。

这意味着元宇宙底层标准、规范、协议乃至底层货币体系的统一。

2. 技术的开源开放

技术的开放，一方面是允许各类玩家加入并自由活动。另一方面是向第三方开放技术接口，可以自由地添加内容（就好比传统游戏的DLC、MOD①）。

技术的资源，意味着可以被无限制地使用。任何不同规模、不同地域的公司都可以参与同一个开源项目中。开放标准需要按照一个通用的模式来建立，否则会在迁移性和可兼容性方面遇到阻碍。事实上，开源与开放标准不是同一件事。开源可以理解为实现，开发者可以在任何地方与任何人自由地共享代码，但代码的归属权仍属于一个人。

技术开源，可以支持更多的参与者在元宇宙中进行分享和贡献，在防止垄断的同时，也为创造可持续的元宇宙开放生态系统提供了重要保障。

3. 经济系统开放

用户在元宇宙中获得的数字资产，必须能够通用，比如某用户在 *Fortnite* 中购买一辆汽车，那么在 Roblox 里也要能使用，即用户资产的归属和价值不能因为地点的转移而受到影响。这要求各个应用之间具备统一和开放的经济系统、数字资产衡量系统。

4.1.2 标准协议：统一遵循的底层逻辑

元宇宙需要有一套统一遵循的底层逻辑，即标准协议。

所谓协议，即在两个人或两台设备之间进行通信时需要遵守的一些协议、原则。

---

① DLC是官方做的扩展内容包，MOD是玩家自己生产的扩展内容包。

在计算机网络中，通信发生在不同系统的实体之间，但两个实体不能简单地将比特流发送给对方，并希望对方能够理解它。要实现通信，两个实体必须达成一种协议。协议用来定义通信内容是什么、怎样进行通信以及何时进行通信，具体又分：网络层协议 [IP、ICMP（因特网控制消息协议）、ARP（地址解析协议）、RARP（反向地址解析协议）]；传输层协议 [TCP、UDP（用户数据报协议）]；应用层协议 [FTP（文件传输协议）、Telnet、SMTP（简单邮件传送协议）、HTTP（超文本传输协议）、RIP（路由信息协议）、NFS（网络文件系统）、DNS（域名系统）]。

标准则分为两类。

第一，事实上的标准：标准并未被哪个组织批准，但却被广泛地采用，为事实上的标准。事实上的标准最初通常被一些厂家在试图定义某个新产品或技术的功能时所采用。

第二，法律上的标准：那些已经被官方认可的组织通过并确定的标准。

在互联网发展过程中，产生了大量行业标准和协议（表 4-1），也出现了很多标准化组织，如国际标准化组织（ISO）、国际电信联盟电信标准部（ITU-T）、美国国家标准化局（ANSI）、电子工业协会（EIA）、万维网联盟（W3C）、开放移动联盟（OMA）。

表 4-1　常见的互联网协议标准

协议标准	内容
IP	规定网络地址的协议，叫作 IP。它所定义的地址，就被称为 IP 地址
TCP	传输控制协议是一种面向连接的、可靠的、基于字节流的传输层通信协议，由 IETF 的 RFC 793 定义
HTTP	超文本传输协议（Hyper Text Transfer Protocol，HTTP）是互联网上应用最为广泛的一种网络协议。所有的 WWW 文件都必须遵守这个标准
JPEG	JPEG 是 Joint Photographic Experts Group（联合图像专家组）的缩写，是第一个国际图像压缩标准，被广泛应用于互联网和数码相机领域，网络上 80% 的图像都采用了 JPEG 压缩标准

元宇宙有必要仿照互联网通过建立一系列合理的标准和协议，从底层

逻辑上来定义元宇宙，以实现不同生态的大连接。

标准协议是元宇宙的基础设施，标准协议不能由任何一家公司所控制，而必须多家参与，需展开标准化合作，建立类似互联网一样的标准化组织，推进元宇宙标准协议的编制工作。

元宇宙的标准协议，不仅要实现用户在虚拟世界中自由互通，同时用户所创造的虚拟内容、虚拟资产也要实现互通，各个公司、平台之间需要依据一套共同遵循的标准协议，允许数据、资产、交易等信息在各个子宇宙中自由流通。

除了类似互联网行业的标准协议外，元宇宙还需要基于区块链、NFT、数字货币等技术和应用来建立一套数字资产的确权机制和经济系统，形成一套完善的支付、交易、兑换、体现体系。

具备完善的标准协议和经济系统，才能将各个小宇宙、子宇宙聚合成为一个真正意义上的大宇宙，将交互、经济等接口统一标准化，实现互联互通，同时保持各自的相对独立性。

元宇宙协议标准的形成，一方面需要诸如腾讯、Facebook、Roblox 等一系列行业巨头之间达成标准化协议，另一方面需要广泛征求行业组织、标准化组织的意见，同时满足各个国家和地区政府的合规要求。

有行业先行者已经开始着手该项工作，扎克伯格在一次访谈中就表示："最好是不同的公司一起合作，建立一个完全打通的世界，而不是各自做一个封闭的平台。就像我们现在有 W3C 这个标准下的不同网络协议一样，在元宇宙中大家也要遵循共同的标准和协议来创建内容，它需要支持人们的化身和数字道具，在不同的体验场景中无缝传送。我们已经开始和微软以及其他公司一起着手进行元宇宙标准的搭建了，我认为这是一个最主要的问题，虽然我不认为每个公司的愿景都完全一致，但目前为止我们的合作很不错，大家都希望能够更好地互联互通。"

我国的关联企业、行业协会以及标准化组织，也应尽快将这一工作提上日程，参与到元宇宙底层标准协议的创建工作中。

4.1.3 去中心化：结构和控制去中心化

互联网时代有一个突出关键词——去中间化，它提高了不同行业的效率，取而代之的是互联网平台、互联网中心。当下的互联网流量巨头即是互联网时代去中间化发展模式的必然结果，但这种以创建一个新的中心来完成去中间化的做法，也只能从相对较为表层上给行业发展带来改变。

类似改变不能算作真正的去中间化，还导致了一个个新中心的形成，比如 BAT（百度、阿里巴巴、腾讯）、TMD（今日头条、美团、滴滴）、FAANG（Facebook、Apple、Amazon、Netflix 和 Google 美国五大科技巨头）等为代表的互联网行业巨头。

中心化行业巨头的形成，不仅会造成垄断，形成竞争壁垒，不利于行业生态的健康发展，还会出现一些诸如数据泄露、大数据杀熟等有损用户利益和隐私的问题，同时会让普通大众置于互联网巨头的阴影和控制下。试想，当用户的社交严重依赖腾讯、出行严重依赖滴滴、点餐严重依赖美团、资讯获取严重依赖字节跳动时，大概率会出现一些不可预知的后果与风险。

中心化的问题在元宇宙中将不复存在，人们对元宇宙的预期，以及元宇宙底层逻辑，决定了元宇宙将是去中心化的。

元宇宙的虚拟世界就像比特币一样，不受某一（几）个公司、某一个组织，或某一个国家掌控，而是由无数个公司和个人在元宇宙内经营、创造自己的空间。每个人都能在元宇宙中无限制地创造内容，谁创造的价值越多，拥有的数字资产也就越多。因此，区块链和加密货币技术将是元宇宙中的重要技术基石。

以下要素也有助于创造去中心化的元宇宙。

（1）开源代码：开源代码是推动多元宇宙的重要力量，让更多的创造者、创作者获得免费代码，可以将精力专注于作品的独特性和创作上，大大降低创作门槛，为元宇宙提供丰富的、多元化的内容来源。

（2）非许可的操作系统：如果创造者需要向操作系统的所有者申请在其上发布产品的许可，则相当于缴纳创新税。元宇宙的发展需要更多的非许可操作系统平台,目前可以选择 Linux、Windows 和 Mac OS,未来扩容问题得以解决后,公有链平台将成为元宇宙底层操作系统的主力。

(3)分布式计算:随着边缘计算技术的不断突破,更多的计算将被置于边缘——远端,甚至进入用户家里,形成无数个数据节点,弱化被传统巨头所控制的数据中心的作用。

(4)较少的服务器:更少的服务器意味着更少的权限以及更低的项目复杂性。包括游戏和多元宇宙体验的项目都可以采用不使用服务器的模式来构建。例如,确定性模拟和基于共识的胜利系统让诸如实时战略(RTS)、多人在线战斗竞技场(MOBA)和塔防等游戏都可以做到在没有服务器的情况下进行协调。较少的服务器也意味着较少的中心节点。

(5)微服务:建立从大型单体后端转向在云中并自动扩展的较小服务单元,以降低风险、简化结构。同时让应用程序更容易在云服务提供商之间移植或在多个数据中心分布,实现更大程度的去中心化。

(6)智能合约:通过智能合约来自动解决区块链上的某些交易,比如创建非同质化代币、去中心化资产互换、去中心化金融应用程序和去中心化自治组织(decentralized autonomous organization,DAO)。

(7)区块链技术:利用区块链技术,可以真正地实现去中间化与去中心化,用户以及行业参与者真正变成行业运行的核心元素,借助区块链技术可实现去中间化的无缝对接。

4.1.4 多元社会:无数个子宇宙的聚合

截至 2021 年第一季度,元宇宙第一概念股 Roblox 平台,已经汇聚 800 万活跃开发者,累计开发了超过 2 000 万款游戏,平台有 4 210 万位日活玩家(同比增加 79%),单季度流水达 6.52 亿美元(同比增加 161%)。

Roblox 平台长期占据北美 iOS 游戏畅销榜的前三位置,在移动端 UGC 游戏平台主战场北美及欧洲的表现远超其竞品 Minecraft 平台,是当前全球移动端 UGC 平台的龙头。

Roblox 发展至今，已成为集游戏、社交、教育于一身的平台，形成了具有元宇宙雏形的多元虚拟世界、虚拟社会。

1. 游戏板块

Roblox 平台游戏类型全面，不仅有沙盒模拟，还有动作格斗、角色扮演、生存竞速等类型。

Rec Room 上有数百万游戏房，游戏互动内容非常丰富，玩家可以组队刷副本、踢足球、打篮球、射击对战等。平台也会经常举办一些大型活动和竞赛。

游戏玩家购买土地后可以制作 3D 场景或者创建游戏、发布自己设计的各种服务，用户也可以发挥无限想象力来创作，获得收入。有唱歌天赋的玩家可以开演唱会，以数字货币支付门票看演唱会，还可以开学校、开赌场。

2. 社交板块

Roblox 的好友系统支持相互添加好友和聊天，可在对方的 Profile 中查看虚拟形象和作品等，也可邀请好友共同玩游戏或参与活动。Roblox 还提供私人空间功能，允许用户在线上举办虚拟的生日、演唱会或者电影放映等多种社交活动。

Rec Room 也拥有好友功能，用户可以邀请好友进入私人房间进行聊天、闲逛、互动或一起玩游戏，也可以邀请好友去开放的空间共同玩游戏或者观影等。Rec Room 提供公共区域，例如大厅、射击场、涂鸦房等，可以在同一空间认识新朋友与其他国家的朋友沟通，申请成为好友。

3. 教育板块

Roblox Studio 肩负着 Roblox 平台的教育使命，可为所有年龄段的学生提供编程、设计学习等。Roblox 还通过举办教育作品开发特训营、名校名师国际交流会、Roblox-STEM 斯坦福夏令营等方式与众多教育机构联合在一起，以编程、作品设计和创造等方式从中小学生开始培养开发者和潜在用户群体。

4. 定制板块

Rec Room 的高度定制化适用于游戏以外的任何场景，包括教室、公司会议、婚礼、家庭聚会、读书俱乐部等。

相对整个元宇宙生态，Roblox平台打造的多元社会不过是冰山一角。

人类对宇宙的探讨和探索由来已久，《庄子》中关于宇宙的定义："有实而无乎处者，宇也；有长而无本剽者，宙也。"时间和空间的无限属性，也代表着宇宙的无限。

元宇宙是由计算机技术、网络技术、交互技术所打造的一个巨大的虚拟宇宙、数字空间，是一个时间和空间上都近乎虚拟的数字宇宙。

虚拟宇宙是计算机化的宇宙，而不是宇宙的计算机化，作为科技圈和资本圈竞相追逐的未来趋势，科技巨头、关联创业公司都试图在元宇宙领域分得一杯羹。扎克伯格说："在未来，如果听到某家公司在开发自己的元宇宙，就相当于现在你听到某家公司在开发自己的互联网一样可笑。"

元宇宙建设的跟风者众多、参与者众多，不仅Roblox要打造自己的元宇宙，脸书也要打造自己的元宇宙，微软、亚马逊在打造各自的元宇宙，国内科技公司腾讯、字节跳动、百度也都在试图为各自的元宇宙建设添砖加瓦。

未来的元宇宙将远不止一个，而会有无数个子宇宙，或者说有多少公司参与元宇宙建设，就会有多少个元宇宙，会形成由很多国家、地区、科技公司、社会组织、行业协会，甚至是个体所打造的元宇宙群，呈多元形态，是一个多元社会。

用户可以在各个元宇宙中自由穿梭、互相切换，正如同移动互联网时代的用户在一个个App孤岛中来回切换一般，不同的是，元宇宙中的穿梭、切换将会更便捷。

4.1.5　永续存在：不受行业中巨头控制

元宇宙同詹姆斯·卡斯（James Carse）《有限与无限的游戏》一书的描述有某种形似之处，"有限游戏的参与者在所有故事中都不是严肃的演员，而是愉悦的诗人。这一故事永远在继续，没有尽头。世界上有且只有一种无限游戏。"

第4章 超级生态系统：协作、开放、去中心化

元宇宙如同一场无限的游戏，所有的游戏参与者目的都是让游戏一直持续下去，游戏没有输赢、没有结束、没有尽头。

元宇宙作为一个开放的平台和近乎无限的多元世界，它的运营和存续没有间断，作为用户和玩家，无论其在线和离线，元宇宙中的一切都会一直存在、发展、充实。

元宇宙是由无数个虚拟世界组成的不断碰撞且膨胀的数字宇宙，其所对应的虚拟世界一旦开局便会永久存续，不受任何单一个体控制，也不受任何行业巨头的影响和控制，永远不会"暂停"或"结束"，而是以开源的方式运行并无限期地持续。

高通公司将元宇宙视为一个永远存在的空间互联网，具有跨越物理世界和虚拟世界的个性化数字体验，在那里一切事物和每个人都可以无缝通信和交互。人们通过任何计算设备（智能手机、PC、AR/VR设备等）访问虚拟世界，在元宇宙中，无限的用户和企业可以在2D和3D中探索、创建、社交和参与各种社区、日常体验和经济活动。

元宇宙必须能够永远存在，只要现实世界的文明还存在。就像真实世界一样，元宇宙中的用户可以更替，玩法可以变化，规则也可以调整，但唯一不能变的，是这个世界必须永远存在。决不能因为某个公司的破产、某个公司的行为，而影响了元宇宙的存续。只有这样，人们在虚拟世界中的资产、货币才会变得和现实世界同样有价值。举个通俗的例子，银行卡中的钱，不会因银行卡的损毁而消失。

很难想象，我们辛辛苦苦在元宇宙中创作的作品、建设的家园、获得的认证（类似现实世界中的学历证书）、积累的数字资产，会因某个公司的破产或某些人的随意删除篡改而永远消失，这是对元宇宙初衷的根本违背。

互联网并不能实现永续，用户存储在互联网上的信息、数据随时有被篡改、删除、消失的风险，元宇宙应从源头规避这种问题，解决永续存在的问题，只要内容合规，用户的数据、信息、数字资产就应被永续保存。

顶级理论物理学家杰弗里·韦斯特（Geoffrey West）在其《规模：复杂世界的简单法则》一书中提到，城市的寿命可长达千百年，但企业的寿

命则很难超过 50 年，以美国 1950 年以来的上市公司为例，其中能生存 30 年的不足 5%。导致这一差异的根本原因在于，企业是一个自上而下、中心化的封闭系统，活力会随着规模呈现亚线性比例变化（即边际成本增加，边际收益递减），城市则相反，属开放、去中心化的系统，人口每增加一倍，底层基础设施只需增加 0.85 倍，城市活力随着规模呈现超线性变化。

元宇宙的永远存续模式，类似城市的开放、去中心化的"共治"模式，即让每个用户参与到系统的治理、维护、运行中，才能确保系统的长期稳定性和成长性，使其长久存在。

城市和元宇宙的上述特性和公链[①]非常相像，元宇宙不是零和游戏，而是无限游戏，实现这一点，需要借助区块链技术的四大特性——不可篡改、不可复制的唯一性、智能合约、去中心化。

（1）不可篡改。区块链的不可篡改特性通过共识机制实现，共识机制能够保证每一笔交易在所有记账节点上的一致性和正确性，使得修改交易数据的成本极高。不可篡改的特性不仅能解决元宇宙交易、支付、清算中的信任问题，还可以让元宇宙中的数据被永久记录，这是元宇宙永续存在的基本前提。

（2）唯一性。NFT 实现数字资产的确权和自由流通。以太坊提出的通证（token，也称代币，是"可流通的加密数字权益证明"）可生成唯一可识别令牌，能够实现用户数字资产的确权和永久保护。当前在区块链领域，代币分为同质化币（如比特币、以太坊等）和非同质化币（如 NFT）两类，元宇宙内多采用 NFT 进行流通。

（3）智能合约。基于区块链技术的智能合约，具备公开透明、不可篡改、可验证、永久运行等特点，无须第三方验证平台即可完成。建立在智能合约之上的元宇宙内部经济系统可以将契约以程序化、非托管、可验证、可追溯、可信任的方式进行去中心化运转，从而大幅降低经济系统风险和

---

① 公链也称"公有链"，公有链是指全世界任何人都可以随时进入系统中读取数据、发送可确认交易、竞争记账的区块链。公有链通常被认为是"完全去中心化"的，因为没有任何个人或者机构可以控制或篡改其中数据的读写。

数据被篡改、删除的风险。

（4）去中心化。实现元宇宙共治属性，避免平台垄断，从而像城市一样，延长元宇宙的存续时间。

具备上述四个特点的区块链技术可以提供去中心化的平台、公开透明的智能合约等多重保护机制，有效保证用户的虚拟资产、虚拟身份、虚拟信息和数据的安全，确保系统规则的透明执行，实现元宇宙运行的稳定、高效、持久。

4.2 元宇宙经济系统

根据 Roblox 招股书中的定义，元宇宙的八大要素中包含经济系统。

元宇宙作为一个平行于现实世界的虚拟世界，应当拥有完整运行的社会和经济系统，产生全方位、虚拟化的资产财富模式，每个参与者都能够创造、拥有、投资、出售多种多样的虚拟物品。

用户的生产和工作活动将以平台统一的数字货币形式得到认可，玩家还可以使用政府认可的数字货币在平台内消费内容，经济系统是驱动元宇宙前进和发展的引擎。

区块链技术能够为元宇宙提供安全稳定的经济系统，加密货币和 NFT 可以为元宇宙提供数字所有权、可验证性、可交易性，打通虚拟世界和现实世界之间的价值链。

4.2.1 打通虚实之间的价值链

如果没有区块链技术，元宇宙构建的虚拟空间只不过是游戏场景，一些诸如《堡垒之夜》《魔兽世界》等游戏中已经实现，但缺乏相应的经济系统。

同《堡垒之夜》《魔兽世界》不同的是，元宇宙概念的 Roblox 则初步打通了现实世界和虚拟世界之间的价值链，玩家可以在 Roblox 虚拟世界中创造现实生活中的一切，它的虚拟经济系统能让玩家和内容创作者实现良性的循环。玩家可以用现实世界的货币购买游戏中的虚拟货币，在平台上进行交易，购买游戏中的各种皮肤和道具。同大家经常玩的"氪金"①游戏不同的是，传统游戏中玩家从游戏里赚到的货币是不能够兑换现金的，而Roblox中的虚拟货币则可以兑换成现实社会中的货币，虚拟世界和现实世界的价值链已经得到初步打通。

只有建立一个贯通虚拟世界与现实世界的价值链，建立沟通二者的市场，让用户的创造产生价值，让价值来驱动创造力，才能产生完整的价值闭环，形成元宇宙的经济系统。

区块链技术是帮助元宇宙经济系统打造的最佳工具，区块链上的数字资产——通证将成为连接现实世界和虚拟世界资产的最佳桥梁，其使命是释放数字资产的流动性。

从狭义上讲，通证是可流通的凭证，是数字资产的表示，具有使用权、收益权等多种属性。

通证的三要素如下。

第一，数字权益证明。通证必须是以数字形式存在的权益凭证，它必须代表的是一种权利，一种固有和内在的价值。通证能代表一切可被数字化的权益证明，比如门票、积分、合同、证书、点卡、证券、权限、资质等都可以通证化，上链流转，进入市场交易，让市场定义其价格，在现实经济生活中也可以消费、可以验证、可以使用。

第二，加密。通证的真实性、防篡改性、保护隐私等能力，由密码学予以保障。

第三，可流通。通证必须能够在一个网络中流动，随时随地进行验证。

而NFT作为通证的非同质化形态，更加契合元宇宙的经济形态，天生适合成为元宇宙时代用来衡量万物数字价值的神器。

非同质化代币与同质化通证的核心区别在于：每一个NFT都拥有独特

---

① 原为"课金"，指支付费用，特指在网络游戏中的充值行为，出自《野获编·司道·方印分司》。

且唯一的标识，两两不可互换。NFT不仅可以锚定数字资产本身（比如数字艺术品、加密猫等），也可用于锚定实体资产（房子、车子、飞机票等），理论上所有元宇宙中具有非同质化性质的资产都可以锚定于区块链NFT。

当前，NFT的应用领域主要集中在艺术品与收藏品、电子游戏物品等相对容易实现NFT化的数字资产上。随着区块链技术的成熟与区块链在元宇宙领域的应用，加之NFT在确权和交易上的实质性优势，未来各类数字资产乃至实体资产的通证化将是大趋势。

例如，在移动互联网短视频热潮中，大量作者通过短视频、图片的方式进行创作，但由于盗版、平台拥有强势话语权等现象的存在，创作者的权益难以得到保障。

通过NFT就能够将创作者的作品通证化，为创作者的作品确权，彻底保障其创作权益，同时还能加快其作品的流通变现速度。

元宇宙时代，普通创作者进行NFT作品的创造也将逐渐成为潮流，图片、文字、GIF（图形交换格式）、短视频、音乐等都将逐渐对标为NFT数字资产，同时实现资产上链（asset mapping token，AMT），提升并扩大数字资产的流通性和交易范围，实现数字资产的流转和增值，乃至跨越虚拟世界和现实世界进行交易、变现。

借助区块链技术和NFT，虚拟世界和现实世界之间的价值桥梁得以打通，构建出一个与现实世界并行的平行世界，它是现实世界在虚拟世界的延伸，现实世界的社会活动和经济活动都可以蔓延到虚拟世界当中，而用户在虚拟世界中获得的数字资产都可以作为NFT，这是元宇宙价值链被打通的关键环节。

4.2.2 资产上链：实现资产确权

互联网时代的消费者时常会遇到这样一些场景。

在京东平台购物时，无法使用支付宝进行付款。在阿里系电商平台消费，买家也不能使用微信支付。

在医院办理出院手续，出院结算和医保结算要在不同窗口间来回奔波办理，要耗费很多时间，遇上二者不同时上班的情况，还要多费几次周折。

为什么会这样麻烦？

因为京东和阿里巴巴，阿里巴巴和腾讯不属于一个公司，无法实现数据的互通。出院手续和医保手续的办理也是如此，它们分属不同的系统，两个系统的数据无法直接对接，需要分别办理。

借助区块链技术可以建立分布式记账模式，各个系统、公司间可以在密码学技术的保护下，将数据同其他系统、部门、机构共享，同时又能保证数据的安全和私有，通过分布式记账，能够实现跨部门、跨系统之间的合作与实时结算，上述麻烦就会得以化解。

但实现这一切，有一个前提——资产先上链。

资产上链是指将线下物理世界的链下资产映射到区块链（虚拟世界）上的过程。资产上链是迈向元宇宙的必要环节，链上产品和交易行为越丰富，元宇宙虚拟数字社会的经济系统、社会系统就越完善。

上链后的资产，可以得到确权，可以在链上自由地流通、交易，不能在链上交易的资产是没有任何意义的，因此，我们讲资产上链的时候，不仅是将资产登记到区块链上面，而且可以在区块链上面发生资产权利和义务的转移。

1. 实现数字资产的上链、确权

资产上链，建议先从原生资产入手，原生资产是纯数字资产，比如数据资产、游戏资产、版权资产等基于互联网的资产，原生资产本身就和链有关系。

数字资产上链的意义，就如同保护私有财产可以极大释放大众的创新创造力一样，整个资本主义的商业文明都是建立在私有财产保护这条底层逻辑之上的，数字资产的上链，能够实现数字资产的确权、保护，释放元宇宙虚拟世界的创造力和生产力。

通过链上确权，数字资产所有者才能真正控制和享有资产，中心化平台再也不能随意将用户的游戏装备删除、游戏所得清零、文章封杀、打造的虚拟世界擅自处理。

数字资产经过上链确权，即使用户购置的NFT头像等数字资产制作方破产消失了，数字资产依然牢不可破地存在于个人钱包中，随时可在Opensea等NFT交易所进行交易，退一步讲，即便是Opensea也倒闭，也还有Rarible等数十家其他同类交易平台可作为备用。

上链、确权从本质上解决了所有者对于数字资产安全感的问题，而安全感则打通了心理上从"虚拟拥有"到"真实拥有"的界限。链上确权的数字资产在不同的平台、应用上也能通过技术手段实现互通。人们在虚拟空间中所有的付出和收获都能被证明、被确权、被使用，甚至被继承。

只有确定并保证了资产和数据的从属权，实现去中心化，才触达元宇宙的实质。

当前的NFT市场交易以收藏品、艺术品、游戏为主，未来NFT有望覆盖金融、个人数据等领域，诞生更多数字资产形态。长期来看，NFT是元宇宙最核心的底层逻辑之一。元宇宙的建立将带来丰富的数字场景与数字资产，而NFT能够为元宇宙内数字资产的产生、确权、定价、流转、溯源等环节提供底层支持。同时，NFT的非同质化特性，也将进一步促进元宇宙由实到虚、由虚到实的相互映射，加速元宇宙经济系统落地。

2. 实体资产的上链、交易

资产信息上链后，会分布存储、多方见证、不可篡改，大大加强了上链资产的产权保护，提升了提产的可信性、安全性、可交易性。

不仅数字资产，线下实体资产也可上链。比如，实体资产上链、通证化之后，资产的交易、管理等复杂操作都会变得非常简便，管理上链后的实体资产（比如股权）将会像我们现在买币、卖币、转账一样简单，且能通过智能合约自动执行。

江西省赣酒酒业有限责任公司（以下简称"赣酒公司"）是"江西老字号"酒业企业，其酿酒工艺被列为吉安市非物质文化遗产，由于2020年新冠肺炎疫情影响，公司销售受阻，库存积压，经销商也无法及时支付货款，导致公司回款困难，经营陷入困境。

赣酒公司董事长张辉军急得火上眉头:"公司总资产在1.3亿元左右,年产能达万吨,酒基近2 000吨,但负债率有点高,急需融资'回血',却又提供不了符合要求的可抵押物,这几个月可急坏了我。"①

得知该公司的困境后,中国人民银行金融研究所对口支援专家调研后,提出利用库存酒基质押融资模式的构想,积极协调江西银行吉安分行、火链科技有限公司(以下简称"火链科技")、赣酒公司三方进行合作,以"酒基+存货+供应链+区块链"的"动产数字贷"模式助力小微融资,实现了赣酒公司利用酒基登记质押(上链),火链科技将酒基以"区块链"进行动态跟踪,江西银行向赣酒公司下游经销商发放信用贷款,让经销商拿到贷款后可及时向赣酒公司支付货款。

赣酒某经销商皮老板称:"这次江西银行给了我30万元低利率信用贷款,我一口气进了120箱赣酒,这几天谢师宴就用得上了。赣酒公司帮我担保贷款,我给赣酒公司卖酒,进货不用自己掏一分本钱,这生意好得很。"

"动产数字贷"模式利用供应链中核心企业库存白酒可流通、可保值的特性,基于火链科技的区块链技术,将赣酒公司的实体资产(酒基、白酒)数字化,在链上盘活了其流通性,缓解了多方资金紧张的问题。

未来,区块链技术将进一步赋能线下实体行业,为实体资产的上链铺平道路。

实体资产的大规模上链,也将进一步推动物理世界的数字化转型,这是元宇宙发展壮大的关键一环。

4.2.3 价值分配方式的与时俱进

网络价值理论领域,有一条梅特卡夫定律(Metcalfe's Law)②,其基本假设是:一个网络的价值等于该网络内的节点数的平方,且该网络的价

---

① 谢文君."动产数字贷"助赣酒香飘四方[EB/OL]. [2021-08-05]. http://www.rmsznet.com/video/d278258.html.
② 梅特卡夫定律,与摩尔定律、吉尔德定律,常被合称为"互联网三大定律"。

值与联网的用户数的平方成正比。

梅特卡夫定律的内涵有两个层次。

第一，规模是网络价值的基础。网络上的节点即用户越多，网络的整体价值越大。

第二，规模对网络价值的影响具有外部性。规模越大，单个存量用户获得的效用越大。随着新节点的不断接入，网络价值呈非线性增长，对原节点来说，从该网络获得的价值也会越大。

我们知道，通常的资产分配，分享者越多，平均分配后的数额越少。而网络则不同，根据梅特卡夫定律，由于网络价值与节点数的平方成正比，价值增幅会超过节点数增幅，网络系统内节点越多，单个节点可以分享到的价值反而越大。

当前的网络，已不仅仅局限于计算机网络，还可以扩展到社交网络、市场网络，甚至元宇宙的虚拟网络。

通过梅特卡夫定律，我们就更容易理解互联网领域的一些现象——

为什么会"一山不容二虎"？（互联网细分领域内一般只有行业老大、老二能生存下来，老三都很难生存，比如，外卖行业仅剩美团和饿了么，共享单车领域哈啰一家独大，ofo、摩拜单车已经出局。）

为什么平台拼命烧钱也要做大做强，争取做到行业第一？

为什么网约车领域的滴滴、快的、大黄蜂之间的竞争如此惨烈，最后仅剩滴滴一家？

因为网络平台都在追求规模效应，规模越大、节点越多，网络的整体价值也就越大。最后，只有细分领域的头部玩家才能获得行业的顶尖回报。

在梅特卡夫定律效应下，很多平台经济巨头诞生了，如字节跳动、起点中文网、美团、滴滴，平台上依附着大量的数字（体力）贡献者——自媒体、网文作者、外卖骑手、网约车司机。

根据梅特卡夫定律，数字（体力）贡献者理应随着平台节点的增加、规模的扩大，而享受平台价值倍增的红利，但事实并非如此，我们看到的甚至是截然相反的景象——

自媒体创作者经常抱怨单价（视频观看单价、文章阅读单价）降低，收益下降；

网文作者为了对抗平台的霸王条款而联合起来集体断更，以示抗议；

外卖骑手因被平台剥削压榨到极限而爆发的消息时有发生；

越来越多的网约车司机开始吐槽滴滴平台为高抽佣的吸血鬼；

……

原本是栖居于同一平台的利益共同体，何以成为利益上的生死冤家？

归根结底是网络平台的治理结构所决定的，字节跳动、美团、滴滴之类的互联网平台采取的是传统的公司治理方式，属中心化组织，决策权在平台，而平台只对股东利益负责。平台的管理者自行制定游戏规则，无须征求平台上数字（体力）贡献者的意见，平台公司通过定价机制，特别是流量的分配机制，左右着平台生态系统的价值创造，最终决定平台参与人之间以何种方式进行分配。

平台公司既是立法者又是执法者，其行权不受任何力量的约束，因此平台上数字（体力）贡献者的利益就无法得到真正的保障。

北京大学光华管理学院教授刘学表示，"垄断地位加上大数据、算法、海量的资金和游戏规则制定与实施的权力，这些独特的地位、资源与权力的结合，在互联网平台公司创造性的力量的开发之下，它形成了一种巨大的力量，这种力量仅仅靠市场力量是绝对不足以抗衡的。这就是平台利用算法和大数据，制定歧视性价格，甚至剥夺消费者剩余；像'外卖骑手，困在系统里'，基本的安全需求得不到满足等现象频出的根源。"

传统互联网平台剥削式的价值分配机制，根本不匹配元宇宙时代的价值观，如何破局？如何让数字贡献者得到合理的回报呢？

元宇宙时代，经济社群将成为主流组织方式，去中心化的DAO治理机制将会广泛流行，届时，越来越多的元宇宙数字贡献者将能得到公平合理的长期价值回报，而不是被动受制于中心化的互联网平台，每个人都有机会参与到那些改变世界的伟大事业中去，社群的生态价值会快速扩展，带动元宇宙经济的发展繁荣。

4.2.4　去中心化自治组织

组织形式在不断演化，公司化组织的出现，在很长一段时间内推动了经济发展和社会进步，在互联网 2.0 时代，平台巨头对数据的垄断以及平台决策权的中心化问题，已经引起广泛关注，甚至在某种程度上成了进步的阻碍力量。

DAO 则是适应元宇宙时代经济系统的组织方式。DAO 的诞生，取决于三个要素。

第一，具备能与陌生人达成共识的组织（经济社群）目标和组织文化（组织的使命、愿景、价值观）。

第二，具备能与陌生人达成共识的包含创立、治理、激励等内容的经济社群规则体系，且此规则通过区块链技术置于链上。

第三，具备能与所有参与者形成利益关联的通证，以实现全员激励。

DAO 的出现意味着人们可以更自由、自主地选择组织协同，组成经济社群，最大化地实现组织的效能及价值流转，提升元宇宙中创意和创造的效率，推动新的商业变革。同时，DAO 也有望成为应对不确定、多样、复杂的元宇宙环境的一种新型有效组织，它对元宇宙经济体系的贡献在于以下两方面。

第一，DAO 的激励机制将引发通证经济的快速发展。随着 DAO 组织数量的不断增加，未来，通证类数字资产的交易会迎来一个新的发展机遇。

第二，借助区块链技术，DAO 可实现用通证来完成"三权"（所有权、治理权、分红权）分离和"三权"无限分割，让全员所有、全员治理变成一种可能。

区块链技术保障了"Code is Law"（代码就是法律），而 DAO 保障了规则的有序制定、执行，二者是元宇宙制度基石，互联网 3.0 时代的元宇宙世界也将更加扁平化。

在实现方式上，DAO 采取"链上 + 链下"相结合的模式。链上治理，即通过智能合约实现去中心化的决策执行，参与者的投票结果将直接影响智能合约。链下治理，则通过社交网络、投票系统和多签钱包实现弱约束性的组织治理。

很多 DAO 项目往往在发展时期采用链下治理，待产品成熟后再改为全面的链上治理，把规则制定逐步交给社区。

例如，Compound 是一个允许用户借贷代币的分布式借贷平台，以智能合约为基础，同银行类似，Compound 把钱借给借款人，随着时间的推移赚取利息。与银行不同的是，利息是从用户存入 Compound 的智能合约后开始复利计算的，整个流程中没有中间人，因此利息会比银行要高。

Compound 作为目前规模最大的 DeFi 借贷协议社区，已经开始尝试将治理权释放给整个社区。

Decentraland 也先后成立了 Decentraland DAO 和 Decentraland 基金会。Decentraland DAO 是链上组织，负责控制核心智能合约的更新、维护和升级。MANA（Decentraland 的虚拟世界代币）持有者可以通过 DAO 投票批准智能合约的任何改变，Decentraland DAO 拥有 Decentraland 内 1/3 的关键资产。Decentraland 通过基金会和 DAO，二者相互配合，以去中心化的方式运作，包括营销、社区管理、产品路线设计等都由基金会和 DAO 配合完成。

DAO 最终会将治理权交给社区，交给通证持有人，交给参与者。治理权保障了数字资产的产权，只有参与者都参与到规则的制定中，链上资产才能得到保障。如果说区块链技术保障了"Code is Law"，那么 DAO 就意味着用户拥有了自治权。尽管大部分用户不会长期参与到治理中（就像股东委托董事参与公司治理），但由于他们掌握着治理权，就与开发者形成了某种制衡，规则不会被任意修改，才有了真正的数字产权。如果用户没有治理权，那么所谓的数字资产，就有可能通过规则修改被剥夺。

元宇宙数字资产成立的前提条件不仅仅是可信账本，更重要的是 DAO 所带来的可信规则、社区共治、利益的公平共享。

不过，当前普通用户参与经济社群治理的程度还比较低，进入门槛相对较高，根据 DeepDAO 的数据，真正拥有治理权的投票用户同 DAO 参与者的数量差距较大，例如 Uniswap 上只有 1/200 的用户才有投票权，BitDAO 则只有千分之一的用户有投票权，DAO 治理权、决策权仍然掌握在少部分人手中，我们相信，随着 DAO 的不断涌现，以及应用场景的不断增加，其治理方式也会不断进化，趋于合理、合规。

4.3 去中心化的数据存储系统

据估计，到 2025 年，全球联网设备的数量将突破 500 亿台，它们将产生海量数据，如何对这些数据进行管理、存储和检索，将是一个巨大的挑战。

同时，数据安全等一系列问题也将随之产生，提前思考如何防止和解决元宇宙所产生的数据问题成为必不可少的环节。

元宇宙内容生态的建立会带来数据的爆炸式增长，创造庞大的数据，很可能是现阶段数据的好几个数量级。不论是从存储能力上考量，还是从数据安全上考虑，基本不可能由一两个中心化存储服务提供商全包，最理想的办法是分布式存储，能够接纳未来呈指数级暴涨的数据存储。

数据的存储速率、安全性以及成本将成为重要问题，以 IPFS（星际文件系统）为代表的分布式存储有望成为支撑性技术，将元宇宙的所有数据资产保存在一个永久安全的位置。

4.3.1 不可忽略的数据安全问题

《未来简史》作者、历史学者尤瓦尔·赫拉利（Yuval Noah Harari）在其新作《今日简史》中探讨了当前数字霸权的问题。赫拉利讲道，当掌控大数据算法的权力集中在一小撮人手中时，我们将面临数字独裁的威胁。

互联网时代，数据和算法的威力超乎想象，对数据的争霸赛早已展开，谷歌、脸书、百度和腾讯等互联网数据巨头，通常采用"注意力商人"（attention merchant）的商业模式：借助免费信息、服务和娱乐来吸引用户的注意力，即使短期内亏损，也要不惜代价收集用户数据，最后将用户的注意力生成大数据卖给广告主。不过，这些数据巨头掌握的庞大数据本身远比任何广告收入更有价值。

赫拉利称："我们已经沦为数字巨头的商品，而非用户。"

2018年3月17日，美国大选刚结束不久，英国《观察家报》（*The Observer*）曝光了一则消息：剑桥分析公司（Cambridge Analytica）未经授权就擅自访问了5 000万份脸书用户的个人资料，通过数据分析有针对性地影响选民，帮助特朗普赢得了2016年美国总统大选。同一天，《纽约时报》（*The New York Times*）也详细发文，证实了这一点，引起了舆论哗然。

这场数据泄露丑闻在两年后有了定论，2020年4月23日，脸书官方宣布称：针对"剑桥分析事件"，脸书已与美国联邦贸易委员会（FTC）达成和解协议，在成立独立隐私委员会的同时，认罚50亿美元。

在互联网巨头的数字霸权和数字独裁下，用户的数据不仅可能会被出售谋利，还可能反被自己的数据所伤害。

近年来，关于大数据杀熟的事件频频曝光，例如，2020年12月，微博网友"漂移神父"发文称，其花费15元开通某外卖平台会员，并获得5个5元的无门槛红包后，常消费的某餐饮店配送费从2元涨至6元。几天后，"漂移神父"又分别使用一个会员账号与一个非会员账号进行测试，在时间、送餐地点、选取菜品内容均一致的情况下，会员账号的配送费均比非会员账号高出约一倍。

根据中国消费者协会的统计，如今"大数据杀熟"的形式五花八门，让消费者防不胜防。

一是推荐算法。互联网平台通过监测分析消费者的消费行踪轨迹，如浏览过的网页、广告、商品服务、话题等，有针对性地对消费者进行商业营销。这被称为"精准推送"或"千人千面"。

二是价格算法。简单来讲，价格算法就是"不同人不同价"，比如新老用户价格不同,老用户或会员用户反而比普通用户价格更高;不同地区的消费者对应不同的价格;多次浏览页面的用户可能面临价格上涨;利用繁复的促销规则和算法,让不同消费者算出不同的价格;等等。

三是评价算法。为了获得更多的好评,平台或平台上的经营者通过刷单等方式,编造虚假高分评价;或者隐匿中评、差评。

四是排名算法。平台经营者制定各类排名榜,声称基于消费者好评率、销量等,对各行业或商品服务类别进行排序,引导消费者选择;但消费者难以知晓平台具体是如何计算而得到榜单的。还有的平台混淆竞价排名与自然排名,左右消费者决策。

五是概率算法。线上平台及网络游戏公司等经常开展抽奖活动,仅公示中奖概率,但抽奖过程、算法程序不透明,实际中奖概率缺乏监管。

六是流量算法。一些平台利用所处优势地位通过算法在流量分配、搜索排名等方面设置障碍和限制,控制平台内经营者开展交易,影响公平竞争和消费者选择。

除了来自数据巨头本身的风险,网络数据还遭受着来自外部的各种威胁。据统计,仅 2021 年 8 月,我国境内计算机恶意程序传播次数就已达到 2.5 亿次之多,而境内感染计算机恶意程序的主机数量,在 8 月底达到高峰的 53.4 万台,恶意程序会导致用户文件损坏、系统异常、数据失窃等。

数据是驱动元宇宙发展的关键,数据安全问题也将成为掣肘其发展的一大因素。在元宇宙空间里,用户拥有自己的虚拟身份和数字资产,可以在虚拟世界里尽情互动,从事生产经营活动并创造价值,形成自己的数字身份。值得注意的是,元宇宙还通过数字创造、数字资产、数字市场和数字货币支撑起整个经济体系。

一旦用户账号被盗,人们在元宇宙的数字身份被人替代,其辛苦积累的数字资产就有可能被盗,尤其当人们在元宇宙中创造的价值大于现实世界时,账号丢失,意味着倾家荡产。

无论是元宇宙还是数字经济,在未来将会面临的最大机会与挑战是虚拟世界的数据安全问题。据 Gartner 数据,到 2023 年,隐私驱动的数据保护和合规技术支出将在全球突破 150 亿美元。

面对越来越严峻的数据安全问题，2021 年，我国适时推出了《中华人民共和国数据安全法》《中华人民共和国个人信息保护法》，信息安全也将从"互联网大蛮荒时代""网安法时代"走向"大合规时代"。

4.3.2 去中心化的存储方式

元宇宙的虚拟数据，既有用户创造的虚拟财产，也有现实世界实体资产的映射，其价值要远高于互联网时代的数据，所以存储安全是首要考虑的问题。

如果采取传统的中心化存储方式，数据潜在风险巨大。中心化存储是将数据集中于一个系统的多套设备上，中心化存储系统是建立在存储服务器稳定、安全运转基础之上的，对服务器性能、存储环境、硬件设备等都有极高的要求。因此，中心化存储是互联网巨头的盛宴，以云存储市场为例，仅仅亚马逊、微软、谷歌、阿里云四大巨头就占据了将近七成的市场份额。

中心化存储存在数据被巨头垄断的风险，用户的数据得不到很好的保护。

通过去中心化存储方式，用户不仅可以自己管理自己的数据，同时可以实现加密储存、授权访问、安全备份、长时间保存，能大大提高数据的安全性，保护个人隐私。

理想的元宇宙数据存储应该是去中心化的，去中心化存储基于区块链技术，采用开源的应用程序和算法，将数据切片分散存储在多个独立的网络节点上，主张隐私保护、数据冗余备份等，通过对种子节点或文件上传方提供经济激励使数据价值化。

去中心化存储的优势主要表现在以下几方面。

第一，打破巨头垄断。将数据分散存储在多台独立的设备上，能打破中心化巨头的存储垄断，打破互联网超级平台的垄断，去中心化存储网络将数据和内容存储在世界各个角落，解决"存储服务器已成为系统性能瓶颈"的问题。

第4章 超级生态系统：协作、开放、去中心化

第二，可扩展性好。存储节点的数量可无限扩展，每个节点的存储容量亦可灵活调整。

第三，安全性高。传统中心化存储很容易被黑客攻击，而去中心化存储将数据切割，分散存储在整个网络上，黑客不可能做到对遍布全网乃至全球的匿名节点展开攻击。另外，如果存储系统受到意外情况影响，比如断电，也只会造成单点影响，不会形成普遍性灾难，因为其他节点会继续发挥作用。同时，用户也无须了解合作方或寻求第三方的信任，存储信息拆分成碎片分散存储在多个节点上，存储数据的加密不仅局限于用户和软件终端，而且在存储网络的所有环节中，在信息传输过程中通过私有网络访问密钥、零知识证明等方法进行加密处理，确保了数据安全。

第四，效率高，速度快。中心化服务器并不是离所有用户都近，而去中心化存储方式会优先选取离每个用户最近的节点，效率更高，速度更快。

第五，自动容错。由于存储内容已分散到网络中的许多节点上，可在数据传输或存储出错时存储额外的副本，具备自动纠错功能。

第六，可靠性高。存储系统内含的验证机制能确保文件被完整真实地存储，且能全天候供用户随时取用。

第七，性价比高。去中心化存储网络利用的是闲置资源，成本比中心化固定成本要低很多，分享者可以自由竞价从而得到一个最低价格。用户对每个文件的存储可以自定义设置不同的安全等级，花费也不同。

IPFS是分布式存储的代表，它是一种点对点的分布式存储协议，与数据储存在中心化服务器不同，IPFS的存储方式是通过统一的、共享的分布式节点存储传输数据，全网域的计算机都可以成为存储节点，因此具有高安全性、高传输性等优势。

IPFS采用去中心化分布式存储彻底改变了传统的HTTP集中式数据存储管理模式，使数据存储更安全、更长久、更高效、更经济。IPFS的创造者胡安贝尼特（Juan Benet）毕业于斯坦福大学，在2015年参与了大名鼎鼎的Y Combinator计划，创立了Protocol Labs（协议实验室）。

IPFS的资料、图片、视频等采取的是先"打成碎片"后存储的方式，

即使黑客攻击也无法看到完整文件,安全度极高。同时,IPFS 没有中心化的服务器,所有文件将被永久记录下来。基于 IPFS,所有人都可以无拘无束地创造自己的作品、保存作品,而无须担心安全问题。

目前,以 IPFS 为基础的分布式存储方式,已经被广为采用:微软公司推出了基于 IPFS 技术的微软 Azure Marketplace;德国航天中心已正式采用 IPFS 技术来存储各种遥测数据;美国国会图书馆、万维网也开始使用 IPFS 技术来实现数据的永久保存;加拿大政府正在建立托管于 IPFS 之上的以太坊浏览器;全球第二大浏览器 Firefox 已经可以支持 IPFS 分布式访问协议;美国航空航天局阿波罗登月的照片,已经上传至 IPFS 分布式存储网络中并永久保存;谷歌浏览器将内置 IPFS 插件;京东 2020 年开始布局 IPFS,认为分布式存储才能解决现在存储的问题。

以 IPFS 为代表的去中心化的分布式存储模式,非常契合元宇宙时代的数据存储需要。

4.3.3 保护好个人数据资产

在古代,最重要的资产是土地,谁能掌握更多的土地资产,谁就是社会赢家,成为地主、贵族。

到了现代,机器、厂房等固定资产的重要性超过了土地,谁拥有了这些资产,谁就成为新时期的既得利益阶层。

互联网时代,数据的重要性超过了固定资产,中外巨头公司展开了对数据的争夺与控制,谁控制了更多的用户数据,谁就能掌握更大的数据霸权。

在同互联网发生连接的过程中,用户无时无刻不被监控、被记录、被分析,互联网数据巨头会利用大数据和算法来预测、判断消费者的思维、行为和选择。

数据安全问题正被越来越多的普通人所担忧,调研机构 Centre for International Governance Innovation 和 Ipsos 在一项问卷调查中发现,有 57% 的全球消费者(采访了超过 24 000 名年龄介于 16 岁和 64 岁之间的互联网用户，遍布 24 个国家）表示他们极度（31%）或很（26%）担心网络的隐私安全。

数据安全和数据隐私是互联网时代广受关注的问题，元宇宙时代所涉及的个人数据的规模将是空前的。相对传统互联网，人们进入元宇宙需要借助交互设备，交互过程中，用户的生理反应、运动轨迹甚至是脑电波数据都会被监控、收集，如果这些信息得不到妥善保护，后果将是令人恐怖的。

元宇宙时代，你的数据就是你的资产，就是你的虚拟身份，要充分保护好个人的数据财富。

用户在元宇宙中产生的信息、数据大致有以下几类。

1. 用户个人信息

《中华人民共和国民法典》中对个人信息的定义是"以电子或者其他方式记录的能够单独或者与其他信息结合识别特定自然人的各种信息，包括自然人的姓名、出生日期、身份证件号码、生物识别信息、住址、电话号码、电子邮箱、健康信息、行踪信息等"。

2021 年 11 月 1 日生效的《中华人民共和国个人信息保护法》第四条规定："个人信息是以电子或者其他方式记录的与已识别或者可识别的自然人有关的各种信息，不包括匿名化处理后的信息。"第二十八条规定："敏感个人信息是一旦泄露或者非法使用，容易导致自然人的人格尊严受到侵害或者人身、财产安全受到危害的个人信息，包括生物识别[①]、宗教信仰、特定身份、医疗健康、金融账户、行踪轨迹等信息，以及不满十四周岁未成年人的个人信息。"

用户个人信息一般由用户主动上传（如注册时使用的身份证号码、手机号码等）或由元宇宙运营方收集（如指纹采集、面部识别等）。

从对用户信息的保护角度出发，相关个人信息的归属权应当归用户所

---

① 个人生物识别信息包括个人基因、指纹、声纹、掌纹、耳廓、虹膜、面部识别特征等（《信息安全技术 个人信息安全规范》规定）。在中国人民银行发布的《个人金融信息保护技术规范》中又规定个人生物识别信息包括但不限于"指纹、人脸、虹膜、耳纹、掌纹、静脉、声纹、眼纹、步态、笔迹等生物特征样本数据、特征值与模板"。

有，运营方仅能在用户授权的情况下进行收集、储存或使用。同时，作为信息处理者的运营方，应当采取技术措施和其他必要措施，确保其收集、存储的用户个人信息安全，防止发生信息泄露、篡改、丢失，特别是敏感个人信息。

2. 用户同元宇宙交互产生的数据

用户同元宇宙交互产生的数据即用户在元宇宙中社交、娱乐、工作、创作过程中所产生的数据和数字资产，包括用户的生理数据、行为数据、作品数据以及相应的个人信息。如果交互产生的新数据中包含用户个人信息，相关个人信息仍应归用户所有，运营方应当采取必要措施进行保护，如果需要使用，应当对相关数据中包含的个人信息进行匿名化或加密、去标识处理。同时还应做好数字资产的确权，将之 NFT 化。

3. 用户从现实世界带入元宇宙的数据

用户可能将现实世界的已有数据带入元宇宙，如将自制的音乐、文章、视频等作品上传至元宇宙，包括其他机构映射至元宇宙的各种实物资产，都可通过数据、资产上链的方式进行确权，做好产权保护、数据保护。

需要特别提醒的是，每个人从当下开始，都要树立起数据隐私保护思维。未来，你的数据就是你在元宇宙中的资产，你的数据就是你在元宇宙中虚拟身份的构成部分，要特别注意减少可能暴露个人隐私信息、造成数据泄露的行为，保护好自己的虚拟身份和数字人设，比如：来源不明的网络链接不要乱点，来源不明的二维码不要乱扫；将手机里面的隐私功能关掉；下载 App 时，应去官方渠道下载；对于一些使用大量流量且没有告知的应用程序，应该及时检查或删除；给自己的电脑和手机安装杀毒软件；注册各种账号时，只填必填项；设置复杂的密码，密码加校验，进行双重验证；付款时，使用安全的浏览器；不要随意打开陌生邮件；在公共场所，下单尽量别蹭网；发现账户异常，马上联系支付平台或银行，也可以报警；填写收货地址时，别留太详细；丢掉包裹时，一定要处理掉快递单上的个人信息；对各种扫码领礼品活动敬而远之。

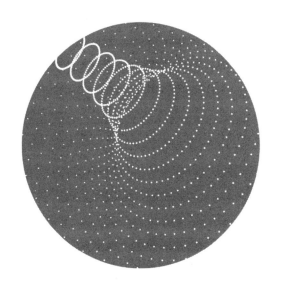

第 5 章
元宇宙进化路径、投资机会与行业变局

现在，一个令人兴奋的机会正在到来，移动互联网十年发展，即将迎来下一波升级，我们称之为"全真互联网"。虚拟世界和真实世界的大门已经打开，无论是从虚到实，还是由实入虚，都在致力于帮助用户实现更真实的体验。

——腾讯董事局主席　马化腾

5.1 元宇宙的发展周期

未来10年到20年乃至更久，平行于现实世界的虚拟元宇宙将日渐完善。总体上，元宇宙将出现线性渐进式发展，在某些阶段随着技术的突破可能会出现短时间的非线性爆发性增长。随着越来越多的科技巨头进入元宇宙赛道，单点技术突破和应用创新将不断涌现、融合，技术"连点成线"，产业"合纵连横"，各个产业、各个应用方向、越来越多的用户都在向元宇宙靠拢。

我们判断元宇宙的渐进式发展将分为三个阶段。

1. 第一阶段：起步期（2021—2030 年）

从技术端看，随着资本的涌入和应用场景的增加，游戏技术和交互技术（设备）出现初步突破，预计各大互联网巨头和元宇宙概念游戏公司将分别打造出具有元宇宙雏形的虚拟平台，给用户带来沉浸感的体验。

元宇宙基础设施包括5G通信网络进一步普及、算力进一步提升、元宇宙底层标准协议逐步确立、塑造了基础框架。

线上与线下融合的商业模式将继续以沉浸式体验的方式加速进化，现有物理世界的生产过程和需求结构尚未改变，不过一些具有前瞻意识的传统产业，已经开始资产上链，并探索线下生产要素向虚拟世界进行数字孪生和镜像的可能性。

该阶段，元宇宙中的NFT交易越来越活跃，线上演唱会、虚拟形象设计、游戏道具制造、游戏角色生产、基于元宇宙的培训教育等行业将兴起。而随着AR/VR技术的不断成熟，交互硬件设备进入大规模商用阶段，消费级产品的普及也将给整个产业链带来广泛的发展前景。

用户在虚拟世界能获得具有沉浸感的游戏、娱乐、社交体验，开始从元宇宙的经济系统中获得数字资产。

2. 第二阶段：爆发期（2030—2040年）

预计2030年前后，随着算力技术的突破和6G网络的推广普及，限制元宇宙发展的两大底层技术算力和通信网络障碍得以扫除，元宇宙进入井喷式发展的爆发期。

算力技术的突破意味着人工智能的突破，届时将真正迎来元宇宙内容生态的大爆发，伴随更具沉浸感交互设备的普及，越来越多的用户能在元宇宙中获得更丰富、真实的体验。

元宇宙经济系统进入成熟期，部分传统产业映射虚拟世界，虚拟世界中的工作、教育、消费等场景出现实质性突破，随着数字人民币等数字货币和基于NFT的数字信息资产化，元宇宙经济系统开始加速运转，带动部分虚拟平台之间实现交易、社交等交互，大量用户在元宇宙中可获得不亚于现实世界的经济来源。

元宇宙各种新应用、新业态层出不穷，一些全新的职业，如元宇宙导游、数字艺术家、虚拟主播、数字建筑师、虚拟资产管理师、元宇宙律师等将会出现。

现实世界和虚拟世界的经济系统彻底打通，形成完善的交易体系，实现闭环。

虚实相生的阶段到来，数字化技术不仅将虚拟世界变得更真实，还将改造升级物理世界的生产力。人工智能、大数据、工业智能化仿生人等先进技术极大提升生产效率，现实世界的劳动力需求锐减，人们的生活场景越来越多地出现在元宇宙，虚拟空间将占据人们50%以上的时间。

3. 第三阶段：成熟期（2040年至未来）

预计2040年后，元宇宙将逐渐形成一套完善的标准协议、治理机制、法律法规，各个虚拟平台、各个子宇宙将按统一接口完美对接，虚拟世界中有了现实世界的完整孪生体，元宇宙经济体系、法律体系成熟而运转有序，形成真正意义上互联互通的终极互联网,即真正意义上的元宇宙。

随着脑机接口、仿生技术的突破,用户将获得近乎100%真实的沉浸体验,或可能彻底摆脱物理躯壳的束缚,在元宇宙中完成包括娱乐、工作、社交、学习、购物在内的所有生活场景,人们在虚拟空间的时间占比很可能接近100%,人类的生理需求也将不断降低,取而代之的是完整的精神意识,物理世界的衣食住行甚至会失去原本的意义,"虚即是实",元宇宙不再只是一个"虚境",映射于现实,独立于现实,超出于现实,人类数字化生存的终极形态到来。

5.2 元宇宙带来的行业变局

关于元宇宙的终极设想是,现实中能做什么,在元宇宙中也能做什么。现实中不能做的,在元宇宙中也有机会实现。

这种令人憧憬的未来,具有极大的想象空间、成长潜力和市场机会。

2020年12月,马化腾在腾讯内部刊物提到一个跟元宇宙非常接近的概念——"全真互联网",称其为"一个令人兴奋的机会"。

元宇宙对应生活中的各种应用场景,包括教育、办公、科研、电子商务、医学、艺术品交易、文旅、数字经济、心理服务甚至生产制造。超真实虚拟世界正在一步步改变我们曾经的生存模式,元宇宙会打破既定的行业格局,带来不可预知的冲击和颠覆。

元宇宙在带来大量机会的同时,不可避免地也会冲击到一些产业、行业、职业。

当下,不仅科技公司、行业巨头可以入局,而且每个人都能参与元宇宙的构建和体验,拥有现实和虚拟双重身份,在不均质的各类场域实现动态切换流转,发现属于自己的机会。

元宇宙将走向更高的维度——数字资产、NFT、社交关系等内容可以在元宇宙内各空间高度互通,元宇宙与现实世界交互接口分布将越来越广泛。

5.2.1 元宇宙时代重点产业方向

元宇宙已经初步显示出其巨大的潜力,各大互联网公司、游戏公司以及各个区块链项目纷纷入局元宇宙,但当前元宇宙依旧处于早期阶段。

未来,元宇宙还将在多个产业领域全面推进,才能达到我们最终期望的样子,哪些产业属于元宇宙未来的重点发展方向呢?

1. 底层技术相关产业

元宇宙场景下,大规模用户会同时在线,以较低延迟进行实时交互,要求实现大量底层技术的进一步突破和深度融合。最核心的底层技术如算力和网络通信技术,以及区块链、云计算、大数据、未来网络、半导体等底层技术,是决定元宇宙顺利运转的基础设施。

2. 直接技术相关产业

影响元宇宙应用场景实现的直接技术产业,包括 AR、XR、NFT、AI、3D、语音与手势识别、数字孪生等,它们的成熟度直接决定了元宇宙场景的实现进度。

虚拟世界与现实世界实现无缝连接的相关技术,也是直接关联技术,如空间计算、边缘计算、可穿戴设备、嵌入式技术、脑机接口、微传感器等提升虚实世界交互感知的技术,将直接影响用户在元宇宙中的沉浸感体验。

3. 软硬件产业

元宇宙的前沿硬件,以 AR/VR/MR 为主要先头部队,这些硬件设备当前在性能上依然无法满足元宇宙的要求,最直接的问题是显示功能和沉浸感上的欠缺,归根结底还是受算力所制约。

构建元宇宙的虚拟世界,需要更优质、更匹配的软件支持。微软创造了 PC 时代的软件神话,未来,谁能建立元宇宙软件标准,谁将成为下一个软件巨头。

4. 内容产业

如同当前互联网上存在购物、娱乐、社交、学习、办公等不同细分领域一样,元宇宙将覆盖并超越当前各种各样的互联网应用场景,带来体验上的升级。

元宇宙由无数个子宇宙构成,是一个广阔无垠的虚拟空间,将形成一种新型内容创造者经济,如动画设计、三维影音制品、游戏制作、虚拟形象设计等。有无数场景等待内容型公司、内容创业者去填充。

5. 虚拟产业

虚拟土地、虚拟艺术品、虚拟数字资产、NFT等元宇宙中的虚拟产业将是一个不亚于现实世界实体产业规模的存在。

6. 辅助性产业

元宇宙的有序运行,需要支付、安全、认证、信用等辅助性技术和商业模式的支撑,衍生出的辅助性产业也是一个庞大的蛋糕。

5.2.2 元宇宙将会冲击哪些行业

设想这样一个场景:

当你计划一场旅行,可以通过手机来订票、查攻略、订酒店,在出发前一天,你的手机App就自动弹出提醒日程,在出发前的两个小时会提醒你"该出发了",通过手机订的网约车将你送到机场。到达目的地,你可以通过手机叫车App打车,入住App订的酒店后,还能通过手机定位和移动社交网络口碑来选择去哪家餐厅用餐……

在移动互联网时代来临前,你敢想象这样的情景吗?

今天每一个普通人每天都在经历类似的体验,移动互联网以前所未有的速度颠覆着人们传统的生活方式,颠覆着传统行业——旅游业、餐饮业、零售业、唱片业、出版业、出租车行业等。

移动互联网冲击之下,传统行业从业者不得不重新思考商业模式和业务开展的方式。

面对即将开启的元宇宙时代，同样的冲击和颠覆场景，又会再次上演。未来10年、20年，现有的哪些行业将会受到较大的冲击？

1. 商业地产、写字楼

线下商业地产，在互联网电商时代就遭受了较大冲击，元宇宙时代，随着零售场景进一步复刻到虚拟世界，线下商业地产的处境将越发严峻。

伴随虚拟协作办公时代的来临，写字楼受到的颠覆或许很快就会上演。

据 The Verge 报道，2020 年 10 月开始，微软允许员工有不超过 50% 的工作时间选择居家办公，经过批准之后，也可以永久居家远程工作。但是包括硬件实验室、数据中心和现场培训等职务仍需要在办公室工作。员工还可以选择在国内搬迁，如果他们的职位内容适合远程工作，他们甚至可以寻求搬到海外去住，但是他们的薪酬和福利会有所变化。微软将为永久远程办公的员工支付居家办公费用，但员工需自己支付搬迁成本。

微软的举动引来了不少公司效仿。

推特首席执行官 Jack Dorsey 随后给所有员工发了一封电子邮件，称他们如果愿意，可以选择永远 WFH（work from home），甚至还将原本的家庭用品补助升级为 1 000 美元的现金补助。

高盛集团（Goldman Sachs）内部则传出消息：包括技术研究员和工程师在内的许多 IT 职位员工都很适合远程工作，高盛可能将安排他们永久居家办公。

加密货币交易所 Coinbase Inc. 表示，即使居家令结束后，他们的员工也将继续保持远程办公。

移动支付巨头 Square 宣布，允许员工永久在家办公。

电商公司 Shopify Inc. 也表示，未来大部分员工将远程办公。

……

未来这个名单会越来越长，商业地产和写字楼的闲置率也会越来越高。

2. 旅游业

元宇宙可以让后疫情时代困守在家中的人们足不出户即可体验全球著

名景点。当前，Matterport 公司已经可以通过 VR 技术使用户体验到埃及的五大遗迹。

不过，当下元宇宙中的大多数旅游都是静态和预先定制好的单人体验，其沉浸感还有待提高。

未来的元宇宙旅游是可以支持多人共同体验的，几个朋友可以同时进入远程呈现的虚拟世界一起游览某一个景点，甚至可以随心所欲、瞬时切换地畅游地球上乃至宇宙中所有景点。

到那时，受冲击最大的恐怕要数各类付费旅游景点，其次是旅游服务公司，后者尚有向元宇宙旅游服务商转型的可能性，前者如果不作出变革，或将真的成为人迹罕至的遗址。

3. 影视业

随着数字虚拟技术和通信技术的革新，影视剧行业的商业模式，影视剧产品的发行手段、服务方式、产业格局都会被瓦解与颠覆，挑战和机遇将不断涌现。

元宇宙发展早期，会给影视剧带来发展契机，公众会先通过相关影视作品对元宇宙产生浓厚兴趣，就如同看过《星际穿越》后会对星际旅行产生浓厚兴趣，看过《流浪地球》对宇宙科技有了新的认识，元宇宙启蒙也需要一批表现虚拟现实、虚拟世界、深度沉浸体验等题材的影视作品。

后期，线下院线可能会如商业地产、写字楼一样受到较大冲击，人们的娱乐体验将逐步转向元宇宙营造的虚拟世界中。

4. 交通出行

随着越来越多的公司开始推行远程办公、居家办公，商务出行需求会大幅度降低，未来的交通出行场景将集中于个人休闲出行，出行人数、次数都将大大减少，元宇宙会提供大量的替代场景。现实世界的交通出行或演变成一种怀旧行为。

由于几乎所有旅客都是休闲旅客，未来机场和飞机、火车站和列车、座舱以及其他交通基础设施和车辆的外观也都会发生相应的变化。

市内通勤将同样减少,虽然人们仍会在雇主提供的空间中聚会和协作,但不会每天都发生。

现实世界的交通出行基础设施,也会在虚拟世界中创建它们的高保真数字孪生体——包括交通基础设施,从真正的大型实物,如机场和高速公路,一直到公共汽车候车亭和自行车架——再以数字方式管理这些设施。

今后我们将不需要再构建和维护那么多的基础交通出行设施。

5. 奢侈品行业

根据摩根士丹利(Morgan Stanley)的一份报告,当元宇宙到来时奢侈品行业将会获益,奢侈品行业的销售额有望在2030年之前增加500亿美元。

摩根士丹利指出:"对于奢侈品牌来说目前的数字营收不值得一提,但我们认为这种局面会改变。元宇宙还有多年才能成型,但NFT和社交游戏(比如线上游戏、由人之化身参加的音乐会)在短期来说对奢侈品牌而言是不错的机会。"

未来8年,NFT和社交游戏将会让奢侈品巨头总的潜在市场规模增加10%以上,整个行业的息税前利润将会增加大约25%。

相对于硬奢侈品(珠宝和手表),软奢侈品(成衣、皮具、鞋类等)的受益会更加明显,尤其是虚拟奢侈品。例如,意大利奢侈品牌Dolce & Gabbana就以570万美元的价格出售了9个NFT,凸显了虚拟和混合奢侈品在元宇宙中的巨大潜力。

5.2.3 元宇宙将带来哪些新职业

Facebook计划all in[①]元宇宙,扎克伯格宣布将于5年内在欧盟境内增加10 000个高技能工作岗位,用来构建自己的元宇宙。

元宇宙构建需要大量具备高技能、元技能的人才,中国电信下属子公司拟采购"元宇宙数字人制作项目",具体包括数字人形象-建模、数字

---

① 扑克游戏中的术语,意思是全部押进,全面进入。

人形象-造型、平面制作、视频-短剧制作等合作内容。完成这些内容，需要全新的技能。

在国内的人才市场上，也出现了一些诸如"U3D 引擎开发（元宇宙）""AI 图像算法工程师（元宇宙）"的全新职位，而杭州的某家公司为"VR 元宇宙负责人"一职开出了 144 万元的年薪。

当今的职场人士又有多少人满足这些技能要求呢？元宇宙或将引发新一轮的职业焦虑。

领英（LinkedIn）在"元宇宙"里举办了一场虚拟座谈会[①]，微软大中华区副总裁兼市场营销及运营总经理康容、领英中国首席战略官崔阳、AutoX3 首席执行官黎锐炜、石墨创始人兼首席执行官吴洁、清华大学无障碍发展研究院学术负责人徐紫薇等嘉宾以虚拟人物的形象出现在会场，围绕元宇宙时代的职场人才需求等问题展开了讨论。

研讨会就元宇宙时期的人才技能要求，提出了以下问题——

（1）你是否掌握硬核技能，懂得人工智能、计算机视觉、算法或者网络安全等知识？

如果是硬核技术人才，可以在区块链、云计算以及 VR/AR 穿戴式设备等元宇宙的底层搭建上一展身手。

（2）你是否有些艺术天分，会画画会设计，更了解 3D 建模？

艺术人才则可以在虚拟人和虚拟场景构建上发力，技术美学人才在当前尤为紧缺。

（3）你是否懂得法学知识，对个人信息保护、隐私权、知识版权等方面有独到见解？

法学背景的人才可以参与元宇宙的道德伦理与法律构建，维护元宇宙的底线。

（4）你是否具备文学功底，喜欢构建一个全新的世界，并通过文字创

---

① 长江商学院 MBA. 当元宇宙真的来了，你能从事什么工作？[EB/OL]. https://www.mbachina.com/html/zx/202112/389390.html.

造填充血肉，赋予新生命？

元宇宙虚拟世界有大量的创作场景和创作需求。

（5）你是否具备创造性思维，对于新事物能够积极拥抱，推陈出新创造不同的产品？

创造性思维能带来差异化的虚拟产品，才能获得NFT。

元宇宙的脚步声越来越近，数字技能以及相关元技能的培养将成为劳动力抵御职业风险的关键因素，同时，企业也应探索新的招聘模式和组织架构，主动为员工创设友好的数字化转型和技能培养环境，与员工携手踏入新的领域。

元宇宙的无限可能性将创造出更多的新职业，就像30多年前的互联网一样。以下是元宇宙中大概率会出现的新工作。

1. 捏脸师

网易伏羲人工智能算法工程师长健指出，捏脸是元宇宙系统里最基础的项目。人们将以虚拟数字身份进入元宇宙生活、工作、社交、娱乐，首先要设计自己的虚拟形象和外观，捏脸师就像电子世界里的整容医生，为每个元宇宙用户设计出个人形象。捏脸的维度越细，出来的形象就越特殊、越有个性。

以网易旗下"24 Entertainment工作室"开发的多人动作竞技游戏《永劫无间》为例，每天的捏脸功能调用在几十万次。元宇宙中的捏脸需求量会更大，捏脸师不同于传统线下捏泥人工匠，他们通常是人工智能算法工程师，要懂AI算法、开发工具、深度学习框架，同时又要懂美术、心理学、面部肌肉特征等相关的知识，要具备很全面的综合技能、素质。

2. 数字土地建筑师

2021年12月6日，在虚拟游戏平台Sandbox，一块虚拟土地以430万美元的价格售出，创下了元宇宙房地产交易价格的新纪录，打破了此前Decentraland平台创下的243万美元纪录，该价格远超纽约曼哈顿的房价。这块虚拟土地的买家是 Republic Realm[①]。新加坡歌手林俊杰也在 Decentraland 购买了三块虚拟土地，共计花费约 12.3 万美元。

在元宇宙，数字土地、虚拟房地产开发是新的蓝海产业，将催生对数字土地建筑师等相关专业人员的需求，他们从事数字土地开发、评估、确权、设计、建造等工作。

3. NFT 资产顾问

NFT 会在元宇宙实现爆发式增长，NFT 资产顾问将是元宇宙中最受欢迎的工作之一。就像今天的财务顾问一样，他们为元宇宙用户提供合理的资产投资建议。

4. 元宇宙导游

元宇宙拥有无穷无尽的空间，是一个无边无垠的世界，等待用户去探索，需要借助元宇宙导游的专业知识帮助，否则其旅游将无从下手。

元宇宙导游除了要具备现实世界导游的基本素质外，还要熟知艺术史、游戏、沉浸式导航与文化等领域的知识，为新时代的游览者提供专业服务。

5. 元宇宙律师

2021 年，面对元宇宙热潮，著名律师事务所 Reed Smith 也发布了一份名为"元宇宙指南"（*Guide to the Metaverse*）的白皮书，表达了对元宇宙秩序的好奇与关注。

当前元宇宙法律法规尚处于空白阶段，随着元宇宙法律的日渐完善，元宇宙律师也将登上历史舞台，开展一些元宇宙法律拓荒工作。

5.3 元宇宙重点关注产业方向

"下一个创业项目是'元宇宙'公司"，2021 年 11 月 5 日，罗永浩宣布这个消息时，还附加上了原 Bebo 首席执行官 Shaan Puri 的观点，"元宇

---

① 一家专门投资和开发虚拟房地产及其他数字资产的公司，目前已在 19 个不同的元宇宙平台上拥有大约 2 500 块数字土地。

宙不是一个'空间'，而是一个'时间'，是一个我们的数字生活变得比我们的物理生活更有价值的时刻。"

当下，元宇宙就像一个正流行的商业计划书模板，不少企业、创业公司、投资机构都往上套，在苹果和安卓应用商店中，元宇宙概念的应用越来越多，资本市场上甚至还出现了以元宇宙来命名的投资机构。

2021年，GGV纪源资本执行董事罗超带领团队投了10余个项目，涵盖虚拟制作、游戏引擎、情感AI、渲染技术等技术公司，基本上是元宇宙基础设施项目。

易凯资本创始人王冉更看好元宇宙内容产业。在王冉看来，元宇宙的发展对教育、医疗、消费、零售、金融等行业影响较深，相对而言，元宇宙对内容产业和娱乐产业的影响要更为深远，他指出："因为对内容产业来说，这是我能看到的未来5～10年内最大的机会，且在量级上与其他事情完全没有可比性。"

与元宇宙未来发展方向密切关联的产业包括5G/6G网络、云计算、边缘计算等，以及计算机视觉、深度学习等AI产业、电子游戏产业、交互硬件、区块链产业等，在未来10年，全球元宇宙市场规模或可达万亿美元级别，发展潜力巨大。

5.3.1 游戏+VR：靠近元宇宙的最近入口

元宇宙是个筐，相关的概念都能往里装，当前这个筐里装得最多的就是元宇宙概念的游戏公司。

在元宇宙概念加持下，自2021年8月底到9月初之间，不仅中青宝等直接提出元宇宙概念的公司股价出现了大幅上涨，同时也带动了网游领域A股上市公司如游族网络、世纪华通（SZ：002602）、完美世界、巨人网络等出现了不同程度的上涨。

2021年，随着元宇宙概念的火爆，越来越多的公司和资本开始进入游戏、AR、VR等相关行业，其中，游戏被普遍认为是元宇宙最好的切入口，初级元宇宙等同于"VR+游戏"。游戏是现阶段 VR 内容的重要展现形式，借助 VR 设备，游戏可以最直接、最快速让用户进入沉浸式娱乐环境。

《星战前夜》（*EVE Online*）是一个典型例子，它是一款基于太空科幻背景的大型多人在线沙盒类网络游戏，游戏开发过程中融合了天文专家的专业意见，还邀请冰岛大学（University of Iceland）经济学教授担任公司首席经济学家，为游戏设计了一套与现实高度契合的经济模型。

玩家在游戏中有着丰富多样的选择，可以从事不同的工作，比如一个人去挖矿、生产，或者探险，也可以加入由其他玩家组成的势力，或者同他们对战。游戏中共有超过 7 000 个星系可供玩家探索，包含行星、卫星、太空站、小行星带等丰富元素的星系往往意味着资源和机会，当然也伴随着危险以及随之而来的角逐。这是一个基于真实世界法则的虚拟宇宙，是属于太空爱好者的浪漫乐园。

由于经济模型的存在，游戏中的资产同现实资产具有相似的属性，比如玩家的游戏装备如果遭到损害，将意味着真正的财产损失，如果在游戏中经营不善，玩家苦心经营的成果可能会毁于一旦。游戏中还建立了涉及各种生产资料和商品的交易市场，甚至衍生出了一些行业商会和金融炒家，为玩家构建了一个贴近现实的虚拟世界。

《星战前夜》对元宇宙的启蒙在于它构建了基于现实世界的虚拟宇宙、虚拟空间，Axie Infinity 更进一步，更为接近元宇宙，它是一款基于以太坊区块链的 NFT+ 元宇宙的游戏，被喻为"链游之王"。

2021 年 7 月初，一位菲律宾玩家在社交软件上发文称，自己用玩 Axie Infinity 游戏赚取的利润在菲律宾购买了两套房子。

在菲律宾、越南、委内瑞拉等地，很多玩家甚至辞掉工作专门玩游戏，在这些地区，Axie Infinity 带来了超过 15 万的就业数量，一些游戏玩家的收入甚至要高于疫情暴发前。

据 CoinGecko 在 2021 年 7 月 26 日发布的 Axie Infinity 推特社区民意调查数据，该游戏玩家平均每天可获得 55 美元左右的收入，相当于一个月可赚 1 665 美元，远远高于当地普通人的正常收入。因此，很多玩家借助

Axie Infinity 获利，甚至有 68% 的人认为它能提供一份可持续的全职工作。

这听上去有些离谱，但这款游戏确实成了很多玩家赖以谋生的手段，另一项官方调查数据显示，只有 37% 的玩家是因为游戏好玩才加入，而有高达 48% 的玩家则表示他们是为了获得经济收入才玩游戏。

Axie Infinity 是一款基于以太坊区块链的 NFT+ 元宇宙游戏，它几乎具备一个完整的元宇宙雏形：虚拟身份和虚拟资产、可靠的经济系统（通证化）、强社交性。任何人都可参与游戏，通过游戏中的战斗、繁殖等玩法赚取游戏代币进行消费或交易。

游戏开发商 Sky Mavis 称，游戏 95% 的收入都流向了玩家，开发商只抽取 5% 的佣金。即便如此，由于玩家众多、交易频繁，且游戏资产不断增值，游戏开发者也因此而获益丰厚。

ChainNews 统计数据显示，2021 年 8 月，Axie Infinity 的总交易金额为 8.6 亿美元，同比增长 28.5%；总营收 3.6 亿美元，环比增长 84.8%。单日最高收入超过 1 100 万美元，3 个月来的收入增长超过 200 倍。

玩家参与该游戏需要完成以下几个步骤。

第一，创建 MetaMask 数字钱包账户，购买 ETH（以太币）到该账户，可从各大交易所获取 ETH。

第二，创建 Ronin 钱包账户（Ronin 钱包是游戏内专用的以太坊侧链，需要再次创建并备份钱包）。

第三，使用 Ronin 桥将 MetaMask 内的 ETH 存入 Ronin 钱包（注意：不能从交易所直接充 ETH 到 Ronin 钱包）。

第四，从 Axie Infinity 市场购买至少 3 个虚拟宠物 Axie[①]，因为游戏内要进行战斗获取 SLP（一种可以在以太坊区块链上使用的 ERC-20 代币），需要保证队伍内有 3 个以上 Axie。

游戏中的 Axie 拥有 NFT 属性，宠物不仅能拿来培养，还能用于战斗，宠物既是资产，又有战斗奖励，同时还可以给前者升级、增值，并可在链上交易。

---

① 早期购买 3 个 Axie 仅需数百美元，如今购买价格已暴涨至上千美元。

其中战斗、繁殖是支撑 Axie Infinity 经济系统可持续循环的核心模式。同其他类似游戏相比，Axie Infinity 的革新之处表现在以下方面。

首先，建立了经济系统，玩家可以实现真正意义上的"边玩边赚"，从游戏中获得的收入甚至超过了普通人的工作收入。

其次，在区块链技术的支持下，游戏道具实现了通证化，无法造假，无法篡改，大大提高了游戏道具的流通性，降低了信任成本和交易成本，容易变现。

最后，游戏社区初步实现了 DAO 式治理，玩家可以通过投票的方式来参与治理。

Axie Infinity 游戏利用区块链进行交易，游戏币以 ETH 进行计价。价格实时波动，玩家可以选择在合适的价位抛售游戏币，兑换成现实货币，建立了同现实互联的经济系统。

元宇宙游戏作为元宇宙的初级形态，尽管同其成熟形态仍存在较大差距，但在沉浸感、可进入性、可触达性、可延展性四个方面已经具备了元宇宙的某些特征。在元宇宙的游戏世界，玩家享受其中的自由：没有脚本，没有人物定位，各路玩家自由发挥，如建筑师可建房，艺术家可办展，平民可交友游玩，甚至可以随心所欲地躺着晒太阳。这种天马行空的玩法，造就了精美的私人场景布置、绝妙的游戏环节设计，也在吸引越来越多玩家，概念款游戏很有潜力。

包括 Roblox、Axie Infinity 在内的 VR 游戏对元宇宙概念的启蒙和建设探索具有积极意义，它们也满足元宇宙的要素。

第一，身份：游戏玩家拥有一个虚拟身份，无论与现实身份有没有相关性。

第二，朋友：玩家在元宇宙中拥有朋友，可以社交，无论在现实中是否认识。

第三，沉浸感：能够沉浸在元宇宙的体验当中，忽略外界一切。

第四，低延迟：游戏中的一切都是同步发生的，没有异步性或延迟性。

第五，多元化：可以提供多种丰富内容，包括玩法、道具、美术素材等。

第六，随地：可以借助 VR 设备随时随地沉浸其中。

第七，经济系统：已经建立了简单的经济系统。

第八，文明：游戏中拥有某种虚拟的文明。

游戏也是现阶段 VR 内容的重要展现形式，可以最直接、最快速让用户进入沉浸式娱乐环境。根据 SteamVR 平台 2021 年 8 月的数据，该平台应用总量为 101 639 款，其中支持 VR 内容的为 6 018 款，占比约 5.92%，尽管总数较少，但呈快速增长趋势。国内不少游戏公司已经开启 VR 游戏的研发。除腾讯外，三七互娱、完美世界、恒信东方等企业已经建立起相关产品业务线。

总体来说，游戏 + VR 初步具备了元宇宙的某些要素，相对于去中心化的终极元宇宙，当前的 VR 游戏不过是其中一个元素而已，相对于近乎无限的元宇宙，它就相当于现实世界中的某家酒馆，甚至只是某款酒而已。

5.3.2 NFT市场：迎来爆发性增长

2021 年 3 月，数字艺术家 Beeple[①] 的一幅 NFT 数字作品《每一天：最初的 5000 天》（*Everyday*：*The First* 5000 *Days*），在佳士得拍卖行以 6 930 万美元天价成交，创下 NFT 数字作品的拍卖纪录，也是继杰夫·昆斯（Jeff Koons）和大卫·霍克尼（David Hockney）之后在世艺术家第三高拍卖价。

拍卖的作品由 Beeple 在近 14 年来创作的 5 000 张独特图像组成，主题涵盖了社会对科技的痴迷和恐惧，对财富的渴望和怨恨，以及美国坎坷的政治历史。作品以 NFT "铸成"。

作品由一名未透露姓名的买家获得，购买者通过区块链访问作品，同时获得作品真实性和购买者所有权的证明。这类作品一般在 Makers Place、Nifty Gateway、Open Sea 和 Super Rare 等网站上出售，使用加密货币以太币支付，这也是佳士得首次接受以这种形式付款。

《每一天：最初的 5000 天》是第一件在佳士得拍卖行亮相的数字艺术

---

① 美国艺术家迈克·温克尔曼（Mike Winkelman）的数字昵称。

作品，该作品是专为该拍卖行铸造的，凸显了当下 NFT 的盛行。

据悉，这次竞拍一共吸引了包括日本富豪、软银（SoftBank）创始人孙正义在内的 33 位活跃竞拍者，超过 90% 的竞拍者是佳士得的新买家，千禧一代的买家占比达到 58%。

2021 年 6 月，一张 24 像素×24 像素的 NFT "加密朋克"（CryptoPunk）主题头像，再次以超过 1 100 万美元的价格在苏富比拍卖行成交。

如果说之前 Beeple 的画作拍卖出天价，还有其艺术成分的因素在内，而"加密朋克"主题头像这样的数字作品在传统观念看来并不具备任何收藏价值，在互联网上人们也可以随意复制粘贴。

但在数字世界，在元宇宙场景中，经过 NFT 进行数字化确权的数字作品就是数字世界原生的收藏品，具备明确且不可篡改的归属权，是切切实实的个人资产和元宇宙通证。

NFT 具有不可拆分、不可替代等特点。人们通常用 NFT 来证明自己所有物的唯一性和不可替代性。

2021 年，NFT 市场迎来爆发性增长，根据 NonFungible 数据，2021 年第二季度全球 NFT 市场交易额达到了破纪录的 7.54 亿美元，同比增长 3 453%。

据 NonFungible 统计，2021 年第二季度 NFT 最热门的领域为收藏品，销售额占比达 66%，艺术品其次，占比 14%，体育类数字产品占比 7%。销售额最高的三个 NFT 项目分别是区块链游戏 Axie Infinity、NBA 球员卡收藏品 NBA Top Shot 和虚拟形象收藏品 CryptoPunk，销售额分别达到 10.4 亿美元、6.7 亿美元、6.5 亿美元。

目前，国内互联网巨头也开始 NFT 领域布局，如腾讯、阿里巴巴、TME、网易等公司均有 NFT 产品上线。

NFT 由于实现了虚拟物品的数字资产化和流通交易，促进了数字资产的价值重估。未来 NFT 的落地场景会更加多元，NFT 将会成为未来元宇宙经济体系的基石架构之一。

几乎所有的 NFT 数字收藏类产品项目，都从属于两种范式：

CryptoKitties（加密猫）和 CryptoPunks，都诞生于 2017 年。

1. 加密猫

加密猫是最早火起来的区块链游戏，它的玩法非常简单，玩家可以购买、出售和繁殖加密猫，每只猫的眼睛、皮毛等外观都各不相同。加密猫在 2017 年顶峰时期的日活用户超过 1.4 万，刺激了区块链游戏的发展。

2."加密朋克"

"加密朋克"也是全球最早的 NFT 之一，发行于 2017 年 6 月，是以太坊上的初代应用。该系列由 10 000 个 24 像素 ×24 像素的艺术图像通过算法组成。大多数图像都是清晰度并不高的人像，也有一些比较罕见的类型，比如猿、僵尸，甚至是外星人。

10 000 个朋克中有 9 个外星人朋克、24 个猿朋克、88 个僵尸朋克、6 039 个男性朋克人物和 3 840 个女性朋克人物。

在项目官网上每个朋克都有自己的个人资料页面，显示他们的属性以及他们的所有权/出售状态。

NFT 使得每个"加密朋克"token 都对应了唯一的物品，使得作品拥有了链上的唯一标识。

在元宇宙概念加持下，NFT 将迎来新一轮的发展红利，未来 NFT 市场规模尚有较大发展空间，NFT 资产种类会更加丰富，更多艺术品、卡牌、NFT 游戏以及其他新的同元宇宙场景相关联的应用或将陆续面世。

5.3.3 元宇宙+零售

随着大数据、云计算、区块链、5G 物联网、人工智能、虚拟现实等元宇宙关联新技术新应用的融合发展，数字创造、数字交易、数字资产和数字消费等轮廓日渐清晰，一直走在变革途中的零售业，也将进入连接面更广、融合度更深、场景感更真、沉浸感更强的升级新轨道，未来零售业的"元宇宙"雏形正在显现。

2021 年，也被众多零售商视为元宇宙元年，未来的零售，不仅要实现线上线下一体化，还要全面拥抱虚拟世界，意味着线上与线下的无缝贯通，意味着虚拟与现实的水乳交融，直至形成无差别的拟真体验。

零售行业拥抱元宇宙的主要入口是 AR，早在几年前，宜家、耐克等品牌就已经将 AR 引入其营销和电商战略，用以提升用户体验。现在，包括 Home Depot、H&M 和 Sephora 在内的越来越多的知名品牌开始在顾客体验环节引入 AR。

2021 年 4 月，天猫上线了一座 3D 版天猫家装城，商家可以借助阿里巴巴研发的一套免费 3D 制作工具，上传商品实物图片，由系统 AI 进行建模，自动生成高清货品模型，形成商家的 3D 购物空间，消费者在 3D 商城可以体验"云逛街"。进入 3D 房间后，消费者可以全屋漫游，感受商品搭配后的效果，可置身商城任意位置，360 度查看商品款式、细节、价格，也可以自己"动手"布置家居场景，获得更好的临场体验。尽管天猫 3D 家装城具备了元宇宙的某些要素，但由于消费者进入商城的终端仍然是智能手机，所带来的沉浸感很有限，距离真正的元宇宙沉浸体验还很遥远。

2021 年 9 月，国内首个超写实数字人 AYAYI 成为阿里巴巴首位数字员工，也是天猫超级品牌数字主理人，作为走向未来虚拟世界的第一步，AYAYI 是天猫转战元宇宙的又一个信号。

在 2021 年 9 月召开的中国电商大会上，国美控股集团 CEO 杜鹃首次提出了"拥抱零售'元宇宙'、释放科技'智善之美'"的新观点。杜鹃表示："国美'家·生活'战略第二阶段通过线上和线下、虚拟和实体、到网到店到家的全场景融合，正进入连接面更广、融合度更深、互动性更强、场景感更真、智能性更高的升级新轨道。"具体到场景应用层面，最有代表性的是国美线上"真快乐"平台的"一店一页"数字化平移项目，它将国美全国近 4 000 家门店全部搬迁到线上，加快商品触达的同时，也强化了用户体验。

在随后举行的中国国际服务贸易交易会上，国美旗下主攻家居家装赛道的"打扮家"平台，也借元宇宙概念秀了一把虚实结合的黑科技，首次推出了一款名为"你行你装"的 VR 自学家装游戏，不仅将国美倡导的娱乐化内核贯穿其中，更基于 UE4 引擎开发，高度还原了开关安装、吸顶灯安装、配电箱安装等家装施工环节的过程，让用户在娱乐过程中学习家装知识和避坑经验。

元宇宙时代，零售商如何让消费者买单，增加销售额、提升认知度及客户参与度？从现在开始就需要逐步尝试 VR/AR、使用虚拟人，在不同的平台开始打造实时购物的功能。无论是探索虚拟陈列室还是试穿商品，都将让消费者 360 度全方位了解商品，这是元宇宙零售不可或缺的模块。

元宇宙中，零售行业将呈现游戏化趋势，以沉浸式体验，打造全新的购物与生活方式，人们可以以游戏化、娱乐化的方式购物，也可以购物的方式模拟一场游戏或者娱乐体验。消费者进入元宇宙的各个虚拟商城或者电商平台直接消费购物。而线上购物也不再是搜寻商品、直播带货，或是看商品的二维介绍界面，可以戴着 VR 眼镜购物，商品浏览体验也可以更丰富地展现。

未来，零售主体跟现在以企业为主会有很大不同，个人零售会占到很大的比例，很多人不再依赖于线下的收入生存，可以在虚拟世界里面创造内容、达成交易、获得收入。

如果将现实世界的实体买卖或电商交易平移到元宇宙，搭建新的交易框架，或会形成巨大的虚拟市场，NFT 已经在元宇宙有了多种尝试。元宇宙不同于线下零售的是，它还将创造大量的虚拟物品交易，Gucci 推出了一款能在 Roblox 上购买和体验、带有蜜蜂图案的数字版古驰酒神包，这款看得见摸不着的酒神包的转售价已达 4 115 美元，比同款包线下零售价格还要高出 700 美元，类似这样的虚拟商品会越来越多。

可以预见的是，现实世界实体零售的投射 + 元宇宙虚拟商品市场，未来元宇宙将创造一个比现实世界更大的零售市场。

5.3.4 元宇宙+协同办公

1973 年，第四次中东战争[①]爆发，为了应对全球性的石油危机，《华

---

① 又称赎罪日战争、斋月战争、十月战争，发生于 1973 年 10 月 6 日至 10 月 26 日，交战双方为埃（及）叙（利亚）联盟和以色列。

盛顿邮报》（*The Washington Post*）发表一篇《在家办公可以节省汽油》的文章，提出倡议：如果使用汽车通勤的职员，有10%的人选择每周在家工作两天，对于缓解石油短缺，有重大意义。

当时人们进行远程办公的出发点是为了解决能源危机。

2020年新冠肺炎疫情发生后，对全球经济、生产和生活方式产生了深远影响，线下严格的防疫政策在短期内限制了人们的活动范围，也催生出远距离协同办公的巨大市场。艾瑞咨询数据显示，2020年，中国协同办公达到440亿元市场规模，同比2019年增长了43.5%；2020年第一、第二季度疫情初期效率办公类App月独立活跃数同比增幅最为显著。

钉钉、企业微信、Zoom等综合类协同办公工具也是在这一时期实现了用户规模的快速增长。以钉钉为例，从2018年到2020年，钉钉服务组织数量和用户数量均实现了超过3倍的涨幅。2021年披露数据显示，钉钉目前已拥有5亿用户，服务1 900万企业组织。

到了后疫情时代，则形成了居家办公、移动办公和办公室办公等多元办公形态并存的情况。

在线协同办公满足了特殊时期的办公需求，同时也带来了一系列问题。

微软公司对160 000名有过在线混合式办公经验员工的调查显示，有超过70%的员工希望继续灵活的远程办公，有超过65%的人则渴望与他们的团队有更多的面对面时间。

员工之所以希望有更多的面对面办公机会，在于远程办公确实产生了一些问题，比如，阻碍了创新的发生。

远程在线办公会让职业人际关系网变得陌生，当员工之间失去了面对面交谈、闲聊、争论、头脑风暴的机会，创新能力也将大幅度降低，因为新想法、新思路需要群体思维碰撞才更容易产生，群体之间的思维（大脑）会互相影响，从而产生群体智能。

《自然》（*Nature*）杂志发布的一项神经科学研究结论指出：智能不仅取决于单个大脑中神经元相互作用，也取决于群体之间大脑的相互作用。例如，蝙蝠在进行群体互动时，群体成员中就会发生大脑活动的双向耦合，而脑间耦合的强度取决于呼叫者的社会中心地位。

在元宇宙，以上问题将会迎刃而解，早期的在线协同办公，只是基于音频、视频的二维结构，随着元宇宙信息维度的增加，虚拟世界带来的不只是3D、声光电等新的维度，还带来了地理空间新维度，通过数字孪生、分布式系统联动真实世界的分散空间，将带来类似真实世界办公场景的三维全息体感，可像线下一样产生群体智能。

随着VR、人工智能、数字孪生等技术的发展，新的办公方式将出现，例如：虚拟空间联动分布式物理空间的协作。

在微软看来，元宇宙可以让人们在数字环境中进行类似现实世界的会面，借助数字替身以及更有创意的协作方式，人们身处世界的各个角落，更加自如地进行全方位立体沟通。

微软智能云为元宇宙数字办公提供了所需的各种资源，包括：在云端为现实世界构建"数字孪生"的物联网服务；通过混合现实设备，营造现场感的Microsoft Mesh；以及在人工智能的帮助下，以自然语言进行交互，并用于视觉处理的机器学习模型等。

在2021年11月Ignite大会上，微软围绕元宇宙发布了一项关于虚拟协同办公重要应用：Mesh for Microsoft Teams。它结合了Microsoft Mesh的混合现实功能，允许不同位置的人通过生产力工具Teams加入协作，召开会议、发送信息、处理共享文档等，共享全息体验，该解决方案计划于2022年正式推向市场。

Mesh for Microsoft Teams可提供新一代2D加3D会议体验。通过个性化定制，使用者可控制自定义虚拟形象并使用AI模仿动作和手势，参会者可以使用虚拟形象和沉浸式空间出席会议，无须任何特殊装备即可实现。

Facebook也推出了元宇宙虚拟办公空间应用产品——Workrooms，这是一个虚拟的办公室，戴上VR头显设备就可以进入，在远程办公时，可以通过Workrooms让身处不同地方的员工同时出现在Workrooms的虚拟空间中，进行面对面的交流，产生身临其境的感觉，带来相当于线下会议的真实感。

在Workrooms中进行会议时，如果需要书写，与会者可以在虚拟的黑板上进行板书，结束会议之后，板书内容可以通过电脑导出。

全球最具影响力的咨询公司埃森哲（Accenture）也基于微软的Alt Space技术搭建了一座虚拟办公大楼Nth Floor，据埃森哲全球数字体验主管杰森·沃克在领英中发布的内容，建造该虚拟大厦最初的设想是为员工创造一个可以面对面交流互动的虚拟空间。埃森哲公司还采购了60 000台脸书公司推出的Oculus Quest 2 VR设备，分散在世界各地的员工可以化身的形式进入这个虚拟空间，同其他人进行互动。

目前这座虚拟办公大楼Nth Floor已经接待了超过100 000人，举办了上百场活动。

未来，脑机接口等交互技术的突破，还将会给虚拟协同办公带来更真实、同现实世界无差异的沉浸体验。

5.3.5 工业元宇宙：元宇宙+制造业

2020年4月，华菱湘钢的提质改造项目"精品中小棒特钢生产线"进行到关键的安装调试阶段，由于新冠肺炎疫情影响，公司的德国、奥地利技术顾问无法赶来现场进行技术指导。

为确保项目顺利推进，华菱湘钢联手湖南移动、华为、亮风台[①]，开通了跨国5G专线，在国内首次运用"5G+AR"技术展开跨国远程装配。

在装配现场，华菱湘钢工程师借助亮风台开发的协作平台HiLeia，通过5G网络将第一视角的现场画面实时推送给位于德国和奥地利的工程师，外国技术专家依托HiLeia的AR实时空间标注、音视频通信、桌面共享等技术，进行远程协助、指导现场工程师的产线装配工作。

华菱湘钢现场工程师佩戴的是亮风台的HiAR G200眼镜，能够直观看到外国专家的指导标注信息，尽管工程技术人员分居三地，借助以上协作

---

① 成立于2012年，中国增强现实专业公司，2021年9月9日，亮风台宣布完成C+轮2.7亿元人民币融资。

平台和 AR 设备，却如亲临现场，实现了高效精准的远程合作，项目生产线顺利完成安装。

实际上，不只是在钢铁行业，VR/AR 技术目前在传统制造业的各个领域都得到了广泛应用——

在家电行业，海尔的工业互联网平台上也采用了亮风台的 AR 解决方案，且已深入海尔工厂的各个环节，目前，海尔已建成了多家"黑灯工厂"（dark factory）[1]。

在汽车行业，吉利汽车从新车设计、工艺开发到试产验证等环节都已大量使用到 CPS（赛博物理系统）[2]，大大缩减了新车研制的周期。

正如微软（中国）首席技术官韦青所言："元宇宙只有返回到物理世界才有现实价值。"

对于传统制造业，不管元宇宙看上去多么深奥，只有真正诞生能够应用到工厂的技术，才有现实价值和意义，才能真正赋能制造业，诞生真正的工业元宇宙。

工业元宇宙是以 XR、数字孪生为代表的新技术与实体工业经济深度融合的工业生态，它通过 XR、AI、IoT、云计算、区块链、数字孪生等技术实现人、机、物、系统等的无缝连接，将数字技术与现实工业结合，促进实体工业高效发展，构建起覆盖全产业链、全价值链的全新制造和服务体系，是工业乃至产业数字化、智能化发展的全新阶段。

工业元宇宙不是 XR 技术在工业领域的简单应用，而是具有更为丰富的内涵和外延，它以元宇宙为基础、平台为中枢、数据为要素、安全为保障，是工业数字化、网络化、智能化转型的基础设施。

---

[1] 即智慧工厂，从原材料到最终成品，所有加工、运输、检测过程均在空无一人的"黑灯工厂"内完成，无须人工操作，把工厂交给工业机器人，可以关灯运行，故得名。
[2] 一个包含计算、网络和物理实体的复杂系统，通过 3C（computing、communication、control）技术的有机融合与深度协作，以人机交互接口实现和物理进程的交互，使赛博空间以远程、可靠、实时、安全、协作和智能化的方式操控一个物理实体。

工业元宇宙将充分利用现实物理模型、传感器更新、运行历史等数据，结合 XR 技术模拟数字员工以及多物理量、多维度、多概率的现实工业仿真过程，在虚拟空间中完成映射，可以是一个或多个重要的、彼此依赖的现实装备系统数字映射的全新应用模式，优化工业制造环节中的物理设备、人与流程。

2021 年 9 月 9 日，AR 公司亮风台发布了一款名为 PinNotes 的软件应用。这款软件不同于上文提到的远程协作平台解决的是人与人连接的问题，PinNotes 的侧重点在于解决人与信息连接的问题，它可以让用户做到直接把数字信息，比如温度、湿度等 IoT 数据，视频等数字信息资料直接像贴便利贴一样粘贴到虚拟空间中去，后面佩戴 AR 眼镜来到同一个现场的工作人员就能看到这些信息并利用这些信息辅助自己的工作。

当前的工业元宇宙起始阶段虽然借助虚拟现实技术，但带来的绝不是简单的虚拟体验，而是承载了传统制造业质的飞跃的虚拟世界。

当元宇宙时代来临时，人们会发现，制造业不再是一个特别老气横秋、缺乏活力的传统产业，将会焕发第二春。

截至 2021 年上半年，我国已建成 5G+ 工业互联网项目接近 1 600 个，覆盖 20 余个国民经济重要行业，5G+ 工业互联网正从航空、钢铁、矿业、港口等先导行业向制造业全行业扩展，未来，工业互联网、工业元宇宙应用将越来越多地呈现在我们面前。

5.4 科技巨头布局：寻找新的增长极

除了前文反复被提及的 Facebook、Roblox[①] 之外，还有一些如雷贯耳的行业巨头纷纷进军元宇宙。

2021 年 11 月 4 日，微软总裁布拉德·史密斯（Brad Smith）接受采访

---

① 为避免内容重复，这两家公司不再作为独立案例展开来谈。

时表示，所有科技巨头都会进军元宇宙，Facebook、微软、谷歌和苹果等公司都可能开发各自的版本。

Gamelab 公司战略顾问兼创始人伊万·费尔南德斯·洛博说："脸书、微软、苹果、谷歌或亚马逊等科技巨头已经投入大量资源来概念化'元宇宙'并创建必要的基础设施，从而在技术上支持'元宇宙'梦想。它们依靠在视频游戏领域积累的知识、才能和技术来做到这一点。"

全球最顶尖的科技企业都在大展拳脚，国内的科技巨头当然不会缺席，字节跳动、百度、腾讯等互联网巨头也纷纷加入"元宇宙"赛道，虚拟现实、网络游戏、云计算、AI、数字孪生等多个产业链从中受益。

虽然我们还没有看到元宇宙的具体应用场景，也没有看到元宇宙的商业化运作模式，甚至连元宇宙的概念在全世界范围内还没有形成一个真正意义上的共识，但这并不妨碍全球巨头的积极探索。或许，在普通人看来，元宇宙还相对虚幻，但在一些先知先觉的巨头眼里，却已经描绘出美好的发展蓝图，甚至看到了广阔的发展前景。

同时，由于互联网流量红利的消失，地球上已经没有足够的用户来支撑互联网巨头们的成长，它们需要寻求第二增长曲线，发现新的增长极。

5.4.1 字节跳动：基于内容，补全硬件

字节跳动业务布局同 Facebook 极为类似，都是全球性的社交、内容型平台，当 Facebook 全面往元宇宙转型且收购硬件公司 Oculus 时，旗下拥有今日头条、抖音、西瓜视频、TikTok、Faceu 激萌、飞书（Lark）、图虫等产品的字节跳动，也面临着同样的抉择。

当 Facebook 全面转型元宇宙时，拥有内容和流量优势的字节跳动，也已经开始在 VR 硬件、游戏和智能芯片领域展开布局，拥抱元宇宙。

1. VR 硬件

被字节跳动收购的 Pico 成立于 2015 年，是一家创立于中国、分支机构遍布全球的 VR 软硬件研发制造商，该公司在东京、旧金山、巴塞罗那、

京畿道设有分公司,在香港设立办公室,目前拥有 300 名员工,拥有图像、声学、光学、硬件与结构设计、操作系统底层优化、空间定位与动作追踪等 VR 核心技术领域的 300 多项专利。

Pico 创始人周宏伟原是歌尔股份的高管,歌尔股份曾经既是 Pico 的股东之一,也是其光学和硬件设施的供应商,值得一提的是,总部位于山东潍坊的歌尔股份还是 Fcebook VR 系列产品 Oculus Quest 的主要代工厂。

Pico 推出的硬件产品有 Goblin VR 一体机、Pico U VR 眼镜以及 Tracking Kit 追踪套件等,线下销售渠道覆盖七大区域超过 40 个国内城市。

2021 年 5 月,Pico 发布新一代 VR 一体机 Pico Neo 3,仅一天销售额便突破千万元。

IDC 统计数据显示,2020 年中国 VR 硬件产品市场,Pico 市场份额位居第一,其新一代 VR 一体机 Pico Neo 3 的各项性能参数及定价等都已达到同 Oculus Quest 2 相当的水平。

由于对 Pico 的收购,加之字节跳动已经在 VR/AR 领域进行了长期的研发投入,在交互系统、环境理解等方面收获许多技术成果,字节跳动将逐渐补齐硬件短板,凭借自身的社交、内容、全球化优势,将 TikTok、飞书等应用到类似 Pico Neo 3 下一代终端设备中,构建属于自己的元宇宙。

2. 游戏

一位消息人士称:"这些年字节跳动和腾讯都积极在游戏领域布局,要么投资,要么收购,国内众多游戏厂商也有不少选择站队腾讯系或字节系,而通过挖人和投资收购,字节跳动的游戏团队规模目前已经超过 2 000 人。"

2018 年,字节跳动开始积极布局游戏,在休闲游戏领域,其旗下的 Ohayoo 依托今日头条、抖音等平台,打造了一系列休闲爆款游戏。在中重度游戏方面,字节跳动先后收购了上海墨鹍和上禾网络,还开启了中重度游戏自研的"绿洲计划"。

2021 年,字节跳动投融资的 5 家游戏公司,大多都属于中重度游戏研发领域或者已有成功代表作品的游戏公司。

2021 年 4 月,字节跳动斥资 1 亿元人民币入股被喻为"中国版

Roblox"的元宇宙游戏开发商代码乾坤,这是一家成立于2018年的游戏UGC平台,代表作品是元宇宙游戏《重启世界》。《重启世界》也被称为中国第一款全物理引擎开发的创作平台。

2021年,字节跳动还大手笔并购了沐瞳科技与有爱互娱,前者的交易金额高达40亿美元,对有爱互娱的并购并没有披露具体的金额。

另外,Pico也将在平台内上线8款Top级别的VR游戏大作,接下来Pico将继续大力引进游戏。

3. AI芯片

AI芯片作为AR、VR等元宇宙落地硬件的核心部件,至关重要,也是字节跳动的重点布局领域。

2021年3月,字节跳动传出正在自研云端AI芯片和ARM服务器芯片的消息,公司层面还展开了芯片应用(ARM软硬件优化)、芯片CAD(计算机辅助设计)工程师和芯片综合工程师等岗位的招聘工作。

字节跳动对AI芯片领域的创业公司也展开了大规模投资,联合高瓴创投领投了RISC-V公司睿思芯科(提供RISC-V高端核心处理器解决方案的公司,这是一种开源的芯片架构,可用于开发更适应特定产品和需求的独特芯片),接连投资了AI芯片公司希姆计算、GPU芯片设计独角兽摩尔线程、泛半导体行业智能制造商润石科技等。

2021年10月,据媒体报道,字节跳动投资了成立于2020年的光舟半导体,这是一家总部位于深圳的芯片公司,研发方向为衍射光学和半导体微纳加工技术,设计并量产了AR显示光芯片及模组,旗下还拥有半导体AR眼镜硬件产品。

同月,据投资界独家披露,字节跳动还投了一家专注于数据中心网络芯片的公司——云脉芯联,这家公司的核心成员都是数据中心网络领域的芯片研发资深专家,深耕DPU(中央处理器分散处理单元)领域。

不只字节跳动,包括腾讯、阿里巴巴、百度、美团、小米等互联网公司也纷纷入局芯片领域,都在为元宇宙布局。

5.4.2 英伟达：以Omniverse打造开放式云平台

2020年7月8日，美籍华人黄仁勋创立的人工智能计算公司英伟达，在市值上首次超过芯片巨头英特尔，成为全球市值最高的芯片公司[①]。

2021年伴随元宇宙的大火，同元宇宙底层应用密切关联的英伟达曝光度越来越高，同脸书的"应用元宇宙"相比，英伟达构筑的则是"工程师的元宇宙"。

黄仁勋在参加 Computex 2021 线上会议时，极力夸赞英伟达的元宇宙基础设施 Omniverse——

我相信我们正处在元宇宙的风口浪尖上。

……

我们将能够模拟一切，在其中训练我们的机器人。我们可以模拟如何最好地分配空调以减少能源消耗；设计某些变形机制，在阻挡阳光的同时尽可能多地让光线进入。

当我们在物理世界中部署任何东西之前，我们都可以先在我们的数字孪生、建筑元宇宙中模拟所有这些的一切，并能够使用 VR 和 AR 进出它。

这些都是必须要结合起来的部分，我们必须建立的最重要的技术之一，就消费者而言，重要的技术之一是 AR。

此外，VR 正变得更容易获得与使用。在工业元宇宙的情景下，最重要的技术之一是基于物理模拟的 VR 环境。你在元宇宙中设计的一个物体，如果你把它扔到地上，它就会掉到地上，因为它遵守物理定律。照明条件将与我们看到的完全一样，材料将被模拟成物理的。

这些东西是它的重要组成部分，这就是我们发明 Nvidia Omniverse 的原因。它是如此重要，是我们最重要的工作机构之一，几乎结合了 Nvidia 有史以来的所有工作。

英伟达布局元宇宙且宣称 Omniverse 是建立 Metaverse 的基础。将会有

---

① 截至2021年12月9日，英伟达市值为7 956.50亿美元，英特尔公司市值为2 104.67亿美元。

各种从事 AR、VR、渲染的工具开发商使用 Omniverse 平台。

2021 年 4 月,在英伟达 GTC 大会上,黄仁勋首次展示了 Omniverse,一个被称为"工程师的元宇宙"的虚拟工作平台。

Omniverse 基于 USD(通用场景描述),专注于实时仿真、数字协作的云平台,拥有高度逼真的物理模拟引擎和高性能渲染能力。它是一个易于扩展的开放式平台,创作者、设计师、研究人员和工程师都可以连接主要设计工具、资产和项目,在共享的虚拟空间中协作和迭代。

Omni 为拉丁语,意为"全""所有",Omniverse 则有全能宇宙之意,表达了英伟达的元宇宙梦想:成为现实世界连接数字虚拟世界的入口以及基础设施,打造元宇宙的底层技术平台。

Omniverse 平台的愿景与应用场景将不仅限于游戏以及娱乐行业,建筑、工程与施工、制造业都在其涉猎范围。

Omniverse 的主要应用场景包括:

(1)建筑、工程和施工:用于行业初始概念设计、竞争与客户演示、全球协作以及快速设计评审阶段。

(2)媒体和娱乐:用于行业概念设计评审、供应商沟通、生产线机器人的 AI 训练和模拟、庞大的交互式工厂布局数据集阶段。

(3)制造业:用于行业初始概念设计、加快迭代设计速度和实时生成每日样片、全球协作以及虚拟制作阶段。

(4)超级计算:用于行业从不同来源导入素材、实时模拟平台、同时渲染 2D 和 3D 几何图形、发布电影级视觉效果产品等阶段。

(5)游戏开发:帮助游戏开发者更快地将游戏推向市场、管理扩展的资源库、简化 3D 角色动画并重新定义视频游戏叙事。

Omniverse 于 2020 年 10 月推出测试版,先后有超过 17 000 名客户进行了测试体验,包括宝马、爱立信、沃尔沃、Adobe、Epic Games 在内的众多知名公司和元宇宙概念公司都正在与 Omniverse 合作。

宝马的虚拟数字化工厂也是基于英伟达 Omniverse 平台打造,该实时模拟和协作平台软件由英伟达开发，基于英伟达 GPU[①] 架构。

Omniverse 通过对真实物理世界的模拟，能够建立一个虚拟的"数字孪生世界"，用户能够通过英伟达的 VR 技术走进这个虚拟的元宇宙中。

英伟达在高性能计算（HPC）、AI 领域也处于技术领先地位，在元宇宙的硬件入口、人工智能以及底层技术三大方向上，英伟达均有布局。

第一，硬件入口。英伟达的"GPU 加速计算平台"集硬件和软件于一体，可为各大企业提供强大而又安全的基础架构蓝图，可支持精准完成从数据中心开发到部署的所有实施工作。

第二，人工智能。英伟达在 AI 芯片领域居于行业领先地位，2019 年全球前四大云计算服务商 AWS、谷歌、阿里巴巴、微软中有 97.4% 的 AI 加速器实例都是使用的英伟达 GPU。Cambrian AI Research 分析师 Karl Freund 指出，英伟达占据了人工智能算法训练市场近 100% 的市场份额，而在全球前 500 超级计算机中有近 70% 使用了英伟达的 GPU。

第三，底层技术。英伟达的 Omniverse 平台集合了英伟达过去 20 多年在 AI、HPC 和图形各方面的技术、算法、标准，Omniverse 平台的推出其实是包括算法在内的底层技术突破的成果。

5.4.3 苹果：AR/VR领域等待苹果入局

2021 年 9 月，苹果 CEO 库克接受《时代》杂志专访时指出："我对增强现实能带来的东西感到非常兴奋。这是虚拟世界与现实世界的叠加，而且不会分散你对现实世界和现实关系的注意力，而是加强彼此之间的关系和合作。"

谈及元宇宙时，库克称："我们只将其称之为增强现实，但我对这些新东西超级兴奋。"

---

① 图形处理器（graphics processing unit），又称显示核心、视觉处理器、显示芯片，是一种专门在个人电脑、工作站、游戏机和一些移动设备（如平板电脑、智能手机等）上做图像和图形相关运算工作的微处理器，英伟达定义了 GPU，是 GPU 主要生产商。

2021年11月，美国专利和商标局发布了一项由苹果提交的新专利，名称为"视觉校正的图形输出和标准图形输出"，该专利是关于某款特殊眼镜，戴上这款眼镜之后，iPhone上的内容可以通过这款眼镜进行操作，这足以证明苹果也在悄悄布局元宇宙。

对比已经推出Oculus Quest系列产品的Facebook，苹果在VR应用上似乎慢了半拍。

但根据历史经验，在最新科技应用领域，苹果通常都会比别的公司晚几年才推出类似的技术应用，但这并不意味着苹果真的慢人一拍。

2021年11月12日，摩根士丹利表示，虽然Meta（Facebook）在探索下一重大领域（元宇宙）可能比很多公司都要早，但苹果公司才真正掌握着成功的关键。尽管Facebook和谷歌一直在投资虚拟现实和增强现实技术，但只有在苹果加入该赛道时，AR或是VR的大规模市场应用才能得以实现。

在AR、VR技术储备方面，苹果毫不落伍，早在20多年前就有VR相关的专利布局，苹果主要的专利申请集中在近10年。智慧芽（Dicsovery）全球专利数据库资料显示，苹果及其关联公司在全球126个国家或地区中，共有5 056件与"AR""VR"直接相关的公开专利申请，其中，发明专利占比超过97%。

苹果对关联公司的收购也一直在进行中。

2010年，苹果收购瑞典面部识别技术公司Polar Rose，启动VR布局。

2013年，苹果收购了3D感应与动作捕捉技术公司PrimeSense。

2015年，苹果收购了面部动作捕捉技术公司Faceshift，以及增强现实初创公司Metaio。

2016年，苹果收购了面部表情AI分析公司Emotient和AR社交软件Flyby Media。

2017年，苹果收购了混合现实技术提供商Vrvana。

2020年，苹果收购了虚拟现实公司Next VR。

VR/AR行业曾在2017年陷入低谷期，苹果公司反而加大了在该领域的布局，也是从2017年起，苹果在这一领域的专利申请数量开始陡然上升，此后年专利申请量均维持在600件以上。

据The Information独家报道,苹果已经完成三款AR/VR芯片的物理设计工作,均已进入流片阶段,即将迎来试产。据悉这三款芯片将交由中国台湾积体电路制造股份有限公司量产,采用5纳米制程工艺。其功能主要为无线数据传输功能最佳化、压缩及解压缩影片,并提供最大电池能源效率。

另据《电子时报》(*Digitimes*)报道,有供应商透露苹果的首款"AR眼镜"(或为AR头显)目前已完成P2原型机测试,预计在2022年第二季度量产,2022年下半年有望问世。

苹果AR头显首批将推出两款产品,高低搭配,高端产品内含摄像头与激光雷达传感器,采用5纳米制程晶片,镜框部分将采用高强度轻量化含有微量稀土元素的镁合金材料,售价预计会高达2000美元以上,年出货量预计在200万~250万台,另一款相对低端的针对大众的AR产品,预估量产上市时间将会在2023年以后。

苹果的AR产品何时后来居上,为元宇宙交互设备带来颠覆性体验?相信果粉们都很期待。

5.4.4 百度:聚焦AI、云计算和VR

2021年10月起,百度通过百度在线网络技术(北京)有限公司,在不同国际分类中申请了12组元宇宙概念商标注册号,涉及"METAAPP、META MAPS、METAMAP"三个商标。

百度同元宇宙相关的产品、技术积累,主要集中在AI、云计算和VR领域,其元宇宙布局也集中在这三个领域。

1. VR

元宇宙的产业链条很长,但始终绕不开技术入口VR。

百度早在2016年即开始了VR布局,2016年9月15日,百度正式推出VR浏览器安卓1.0版本,谷歌也是在同年11月推出了VR平台,百度当时曾表示,"百度做WebVR是由它的基因决定的,而后续的行业落地与合作让百度更加了解自己的定位。"

经过两年的试错和迭代，2018 年，百度将 VR 的重心转向 B 端市场，其落地场景为交互性较强的 K12 课堂和电力实训。同年 6 月，百度 VR 在安徽的一家小学落地，推出百度智慧课堂——VR 教室。

2019 年，百度 VR 联合其他企业在上海试点"教育+VR"；同年的世界 VR 产业大会百度推出 VR 营销平台"蓬莱"，围绕汽车、珠宝、家居等行业增加 3D 营销场景。

2020 年 10 月和 2021 年 10 月 19 日，百度先后推出 VR 产业化平台 1.0 和 2.0 版本，推动百度 VR 在会展、教育、营销等多个行业场景中的应用。

2021 年，为协同 VR 发展战略，百度在 B 端落地场景发力，推出了"希壤"App，需要用户先创建虚拟人物形象以及昵称才能够进入，可通过拍照捏脸创建形象来进行社交。

"希壤"功能主要分为虚拟空间定制、全真人机互动、商业拓展平台。"希壤"还上线了 Web 端创作功能，用户可以直接在百度 VR 平台上进行创作。同时"希壤"还支持多人同时在线，结合 Avatar 真人上线或 AI 数字人，可在沉浸的定制空间中开展活动、展览、实况竞技、演讲、演出、商业洽谈、客户服务等。

目前，"希壤"除了支持 VR 云展会、VR 社交外，还支持 VR 教育、VR 营销、VR 实训和 VR 产业园，旨在联合客户、开发者、用户一起打造一个身份认同、经济繁荣、跨越虚拟和现实世界、永久续存的"元宇宙"。

2. AI+ 云计算

AI 是元宇宙最重要的基础设施，从跨文化的语言实时翻译到在元宇宙里的化身打造，AI 都能发挥作用。AI 是百度的核心能力和攻坚方向，这些能力都是将建立在百度智能云基础上的。

百度副总裁马杰指出："在这里（元宇宙），百度可以提供的在 AI 方面的能力会相对比较多，同时在云计算方面，像百度的昆仑 CPU 也可以做大量科学计算的密集型芯片。"

2016 年，百度提出"AI+ 云"的概念，开始尝试将人工智能和云计算融合。

同年 11 月 30 日，百度举行了第一届云智峰会，与会的百度总裁张亚勤提出了 ABC 概念，即人工智能、大数据、云计算三者结合。

2018 年 12 月，百度把智能云事业部（ACU）升级为智能云事业群组（ACG），同时承载 AI to B 和云业务的发展；2019 年 9 月，进一步升级"云+AI"战略，百度智能云与 CTO 体系高效融合；2020 年 1 月 8 日，百度 AI 体系组织架构升级，原 AI 技术平台、基础技术、ACG 整体整合为"百度人工智能体系"（AI Group，AIG）。

经过一系列改革和组织架构调整，百度 AI+ 云的融合越来越紧凑，效果也很突出，2021 年 Q3 财报中，百度智能云营收同比增长高达 73%。

马杰表示："云是解决元宇宙的解法，百度推出希壤平台是基于百度智能云的，也借用了百度云上提供的各类 AI 能力。"

5.4.5　腾讯：社交+内容+娱乐的"全真互联网"

2020 年，在腾讯内部刊物《三观》中，腾讯 CEO 马化腾第一次提出"全真互联网"概念。

2021 年 11 月 4 日的腾讯生态大会 Techo Day 上，腾讯首席科学家、腾讯 AI Lab 和 Robotics X 实验室主任张正友进一步解释了"全真互联网"：

"真"就是真实世界，和"真"对应的是虚拟世界或者数字世界。张正友指出，全真互联意味着连接一切、打通虚实。"全真"意味着虚拟世界和真实世界一样，两者密不可分。线上和线下更全面地一体化，实体和电子方式更深度地融合，从而将人、信息、物、服务、制造越来越紧密地连接到一起。

在几天后的腾讯业绩电话会议上，腾讯总裁刘炽平表示，"我相信腾讯拥有大量探索和开发元宇宙的技术和能力，例如在游戏、社交媒体和人工智能相关领域，我们都有丰富的经验。"

在腾讯发布 2021 年第三季度财报后，腾讯 CEO 马化腾也在业绩电话会议上表示，腾讯拥有大量探索和开发元宇宙的技术和能力。

腾讯此前已经申请注册的"王者元宇宙""天美元宇宙""QQ 元宇宙"等商标，都在表明腾讯正在积极布局元宇宙。腾讯元宇宙布局主要集中于游戏、云计算、AI、硬件领域。

1. 游戏

游戏被认为是当前元宇宙最主要的入口，而游戏是腾讯的核心业务之一，2020 年腾讯游戏业务收入高达 1 561 亿元人民币，为全球游戏收入最高的公司。腾讯在游戏行业布局之深、之广、之久，令竞争对手难以望其项背。

截至 2021 年 10 月，在不到一年的时间内，腾讯就已经直接或间接投资了 67 家游戏公司，其中最具影响力的是 2021 年 1 月份腾讯对元宇宙第一股 Roblox 的 5.2 亿美元投资，早在 2019 年 5 月，腾讯就与 Roblox 达成战略合作，获得国内代理权。

腾讯在游戏领域的另一投资更具前瞻性，2012 年 7 月，腾讯以 3.3 亿美元收购 Epic Games 已发行股本 48.4% 的股份。

Epic Games 如今已成长为全球元宇宙游戏市场领先的独角兽之一，2021 年融资后的最新估值为 287 亿美元。正是横跨元宇宙和游戏领域的 Epic Games，在很大程度上引爆了人们对元宇宙领域的关注。

Epic Games 旗下形成了技术领先的虚幻引擎、现象级游戏《堡垒之夜》、发行平台 Epic Games Store 的主力产品阵容。公司在技术和内容上并进，短期有《堡垒之夜》业绩支撑，中长期看来，虚幻引擎有望进一步完善发展成为多行业 3D 数字化的首选，成为打造虚拟世界的基础工具之一。

Epic Games 向法院公开的一份财务报表显示，《堡垒之夜》在 2018 年至 2019 年为 Epic 创造了高达 90 亿美元的收入。

《堡垒之夜》也是 Epic Games 探索元宇宙的先行军，它原本是一款"建造＋射击"类的大逃杀游戏，但 Epic Games 对于它有着更多的期待。2018 年底，《堡垒之夜》第七赛季上线了 Creative 模式（创意模式）的创造玩法，玩家可以在自己私人的岛屿上随意建造，同时也能和朋友一起设计游戏。

它尽可能地释放玩家的创造力,给予玩家一个可以交流的平台。

2020年,《堡垒之夜》12.50版本更新后,正式上线了"Party Royale"(派对岛)。在派对岛上,没有任何任务,玩家可以无忧无虑地在派对岛中闲逛,可以与朋友在虚拟世界中畅聊,也可以参加跳伞、钓鱼、比赛等各种小游戏。相比创意模式,Party Royale更多的是构建了一个虚拟的公共空间,让玩家无拘无束地畅聊与互动。

2020年4月24日,《堡垒之夜》与美国著名说唱歌手Travis Scott携手,在全球各大服务器上演了一场名为Astronomical的"沉浸式"大型演唱会,共吸引了超过1 200万名观众。

打破了原有的枪战、竞争等元素,《堡垒之夜》让玩家放下了武器,感受在虚拟世界与他人进行互动和社交的轻松与快乐,这也正是元宇宙所强调的沉浸感。

2. 云+AI

在云计算和AI领域,腾讯也在构建元宇宙底层基础设施,包括腾讯云、AI开放平台、云游戏平台腾讯即玩以及区块链等。云计算可以降低设备成本,云游戏跨终端、免配置致力于高品质游戏内容推广,AI开放用平台赋能内容创作,区块链技术则用于推动元宇宙经济体系和社会规则的构建。

3. 硬件

硬件领域,2016—2017年腾讯先后投资了两家AR眼镜公司:Meta(非更名后的Facebook)和Innovega。

2016年3月3日,腾讯进行了Tecent OS系统内测,发布了具有传感器与专用屏幕的头戴式显示器(HMD),为合作伙伴提供VR开发平台。

2021年6月腾讯投资Ultraleap,布局感知交互技术。

腾讯的技术储备也足以支撑其在以上领域有所作为,数据显示,腾讯在全球126个国家/地区中,共有24 000余件元宇宙领域的已公开专利申请,其中,发明专利占99.74%。腾讯在该领域的专利布局主要集中于数据处理、区块链、服务器、人工智能、图像处理、虚拟场景等专业技术领域。

5.4.6 阿里巴巴：XR实验室+元境生生

进军元宇宙，商标注册先行。2021年，阿里巴巴新加坡控股有限公司申请注册了"阿里元宇宙""淘宝元宇宙""钉钉元宇宙"在内的多个商标。

成立于2017年10月1日的阿里巴巴达摩院是阿里巴巴在全球多点设立的科研机构，立足基础科学、颠覆性技术和应用技术的研究。其研究方向涵盖量子计算、机器学习、基础算法、网络安全、视觉计算、自然语言处理、人机自然交互、芯片技术、传感器技术、嵌入式系统等，其中大多同元宇宙技术有所交叉。

除了阿里巴巴达摩院从事的基础技术研究外，阿里巴巴布局元宇宙的直接行为主要体现在：设立XR实验室和成立元境生生科技有限公司。

1. XR实验室

2021年10月下旬，阿里巴巴成立XR实验室，主要做与AR、VR相关的技术研究，和元宇宙息息相关。

XR实验室负责人是谭平，曾任奇虎360人工智能研究院副院长，2019年以百万年薪加盟阿里巴巴，任阿里巴巴人工智能实验室计算机视觉首席科学家，主攻方向是"三维建模和全息技术研发"。

在谭平看来，元宇宙就是VR/AR眼镜上的整个互联网。AR/VR眼镜是即将要普及的下一代移动计算平台，元宇宙则是互联网行业在这个新平台上的呈现。

谭平指出，元宇宙的范畴非常广泛，它包含了社交、电商、教育、游戏，甚至支付。当下我们熟悉的各种各样的互联网应用，在元宇宙上都会有自己的呈现方式。

谭平还进一步将元宇宙划分为四层。

第一层：L1（全息构建）。在虚拟世界构建地图/人/物模型，并在终端硬件上进行显示，诸如现在市面上已有的VR看房等应用。

第二层：L2（全息仿真）。虚拟世界的人/物模拟现实世界的动态，让虚拟无限逼近真实世界，诸如现在市面上已有的 VR 游戏、数字孪生的应用等。

第三层：L3（虚实融合）。虚拟世界的信息叠加到现实世界显示，技术本质是构建整个世界的高精度三维地图，并在这一地图上准确地实现定位、虚拟信息叠加等。

第四层：L4（虚实联动）。虚拟世界的行为在现实世界产生反馈，通过改变虚拟世界来改造现实世界。

举例来说：在 L1 层级，当下 VR 看房、云展厅、全息店铺的应用已经很普遍，阿里巴巴达摩院 XR 实验室与天猫已经合作构建了全息店铺；在 L2 层级，目前已经有不少公司在做虚拟人模型；在 L3 层级，当下已有景区 AR 导航、AR 展览等应用，阿里巴巴达摩院 XR 实验室与松美术馆合作搭建了 AR 艺术展；在 L4 层级，阿里巴巴达摩院 XR 实验室已经做出了一款苹果采摘机器人。

苹果采摘机器人是 XR 实验室在机器人领域研制出的两款新产品之一，另一款是应用于 IDC 机房的智能运维机器人。

前者通过自动识别、定位、采摘、收集等，为果园提供苹果采摘、收集能力，已于 2021 年 9 月开始在陕西苹果基地试运行。

后者则是通过视觉、触觉融合算法，用于数据中心的巡检、换硬盘、资产盘点场景，已经在阿里云数据中心中测试运行。

阿里巴巴达摩院 XR 实验室还推出了一些实际应用案例，包括天猫全息店铺、虚拟家装等。另外，天猫也举办了首届元宇宙艺术展，邀请五粮液、小鹏汽车、Burberry 等 15 个品牌参加。

2. 元境和元境生生

实现元宇宙必先上"云"，云游戏是最先落地的场景之一。

游戏是元宇宙的载体和入口之一，而依托云上强大的计算和渲染算力来提供沉浸式体验的云游戏，被公认为是元宇宙中最先落地的场景之一。

2021 年 9 月，阿里巴巴云游戏事业部发布了全新品牌"元境"，提供云游戏 PaaS（平台即服务）能力和开发者平台。在阿里巴巴的元宇宙时代，元境扮演着新基建建设者和技术的推动者角色。

目前，元境已经大幅度降低了网络延迟，元境基于阿里云实现全球 2 800+ 的边缘节点、31 个省运营商全覆盖，通过边缘部署实现了接入层最后 10 公里的触达，现网运行的网络时延可以低至 5 ms。

同时，元境基于阿里云的 IaaS（基础设施即服务）能力，可以提供满足 AI、物理模拟等更大规模的算力要求。

在元宇宙场景下，强沉浸感对渲染的复杂度要求极高，而元境已投入云端多 GPU 协同渲染能力的建设中来，用以优化和提升渲染效率。

元境还将依托于全新的生产工具、海量的云端算力及强大的 AI 能力，降低创作者内容制作的门槛，为元宇宙的多样化内容奠定基础。

2021 年 12 月，由杭州阿里创业投资有限公司 100% 持股的元境生生科技有限公司正式成立。从之前的"元境"再到"元境生生"，不难想象，该公司的未来业务将同元宇宙相关。

5.5 终极元宇宙图景

未来智库在一份研究报告中这样描述元宇宙：沉浸感、参与度都达到顶峰的元宇宙，或许将会是互联网的终极形态。

如果上升到哲学高度，元宇宙实际上回答了"我是谁，从哪来，到哪去"的终极命题。

Roblox 创始人大卫·巴斯祖基在接受《福布斯》杂志采访称，他希望建立一个想象力的终极平台。"我也喜欢建筑玩具，我看到了 3D 渲染的发展方向。我很清楚，有机会在云中创建一个身临其境的 3D 多人游戏平台，让人们可以一起想象、创造和分享他们的体验。"

终极的元宇宙联通物理世界和数字世界，将成为 10 年、20 年后人类的生活方式，重塑数字经济体系。元宇宙将大量离散的单点创新聚合形成新物种，带来超越想象的潜力和机会。元宇宙是站在当下大多数人的立场，去思考人类发展的本源，探索未来社会的终极场景，由实到虚，再由虚补实，最后虚实相生。

在通往元宇宙终极图景的路上，会有很多层出不穷的商业化探索和尝试，书中我们也谈及了很多元宇宙的未来场景，本部分内容再从维度和经济角度阐述一下，即便我们已经尽我们所能做了最大胆的设想，但未来真正的元宇宙形态极有可能同我们的想象完全相左。

5.5.1 从二维到三维

互联网时代的进化过程，是通信升维的过程。

在功能机时代，手机不能上网，只能以通话和短信的方式和别人进行点对点的沟通，属"一维"通信体验。

随着互联网、移动互联网时代的到来，进入通信二维时代，即平面时代，我们通过QQ、微信、微博、抖音等平台进行社交，从传播关系上看，实现的是一点同多点的沟通，比如微信、QQ消息可以群发，朋友圈信息可以被众多人看到，无数条沟通线条构成了二维的平面。尽管当下互联网上文字、图片、视频内容已经极为丰富，但终归跳不出手机屏幕这个二维终端。

三维，顾名思义，是在传播关系和传播方式上完全打破平面的限制，在一个立体空间中完成。传播关系上，有了更多更丰富的可能性，用户也能获得更逼真的沉浸式体验。

以二维屏幕介质为载体的互联网内容，几乎不可能突破与三维物理世界的界限，但是通过一些辅助手段、辅助应用，已经可以初步触碰到三维的边缘，例如，贝壳平台的VR看房应用，即是在二维的手机屏幕上营造出立体感和空间感，当然其真实感和沉浸感距离真正的三维世界还很遥远。

迄今为止，我们仍然生活在二维的互联网世界中，从根本上说是由显示屏幕这种二维介质的局限性所决定。在二维互联网中，我们可以学习、工作、社交、购物，但所有这一切都是以二维的屏幕作为介质来实现的，即使有一些初步的 VR 应用，也难以带来真正的三维体验。

要打破二维与三维之间的界限，需要一种全新的介质。目前较为成熟的介质就是以 VR 眼镜为代表的 VR 设备。但 VR 设备只是一个入口，让人能够从三维的物理世界进入一个三维的虚拟世界。

当前，我们所能借助 VR 设备进入的虚拟世界，多是一些游戏公司所营造的游戏场景，距离真正意义上的元宇宙仍然相距甚远。

在未来的终极元宇宙，交互设备的不断进步以及元宇宙虚拟世界的不断完善，将会给我们带来真正的三维甚至高维体验。

1. 丰富的三维体验来自由无数小宇宙组成的大宇宙

从升维互联网的思路来推演，我们只有一个互联网，但之上有无数个社群，未来也只会有一个大的元宇宙，但元宇宙中会包含各式各样的小宇宙、子宇宙、小世界，仿佛一个又一个各异的房间，一个又一个精彩的剧场。

元宇宙是一个大的基础设施，但元宇宙中会有无数个世界，每个用户都可以参与设计。每个人在小世界中可以互动，也可以进行改变。

元宇宙中的千万个小宇宙实现了互联互通，用户可以自由穿梭其中，享受类似现实世界的虚拟三维体验。

2. 带来全方位拟真体感

元宇宙的升维，会带给我们更加逼真的虚拟世界，给我们以更为丰富的体验，从视听延伸到触觉，甚至增加全身肢体的感受，未来这种感官的体验会更真实更丰富，现实世界中的人可以与虚拟世界里的人进行亲密接触。比如，当你想和别人握手时，就可以真的握住别人的手，而不只是二维平面上的表情包。再比如，通过视频记录还原战争的现场，可以让用户身临"战场元宇宙"，充分借助各种感觉如视觉、嗅觉、听觉、味觉、触觉等，全方位感受真实战争的残酷与震撼。

这就是三维元宇宙。

3. 可带来穿越般的体验

元宇宙的互联互通甚至还会让"穿越"成为可能。元宇宙的世界，能

让历史被记录，试想一下，如果2007年乔布斯发布苹果手机的直播能在元宇宙中保存下来，那么十几年甚至几十年后的人们就可以穿越回那个时空现场，重现第一视角观看乔布斯改变互联网的时刻。同样，也可以身临其境被元宇宙记录的其他历史场景。

终极元宇宙所带来的三维、高维体验可能将是远超想象的，对于没有进入过更高维度空间的人而言，那种体验仅凭想象力是难以描述到位的，在小说《三体》中，有一段对四维世界的描述——

对于亲历过四维空间的人来说，高维空间感是最难用语言描述的，他们往往试图这样说明：我们在三维空间中称之为广阔、浩渺的这类东西，会在第四个维度上被无限重复，在那个三维世界中不存在的方向上被无限复制。

他们常用两面相对的镜子来类比：这时在任何一面镜子中都可以看到被复制的无数面镜子，一个向深处无限延伸的镜子长廊，如果作为类比，长廊中的每面镜子就都是一个三维空间。或者说：人们在三维世界中看到的广阔浩渺，其实只是真正的广阔浩渺的一个横断面。描述高维空间感的难处在于，置身于四维空间中的人们看到的空间也是均匀和空无一物的，但有一种难以言表的纵深感，这种纵深不能用距离来描述，它包含在空间的每一个点。

关一帆后来的一句话成为经典："方寸之间，深不见底啊。"

小说中进入过四维空间的人，再次回到三维世界，都出现了空间幽闭症，这或许正是高维体验的妙不可言之处。

未来实体化的元宇宙，或将类似于科幻电影《头号玩家》里描述的场景：在未来的某一天，人们可随时随地切换身份，自由穿梭于现实世界和虚拟世界，在元宇宙中学习、工作、交友、购物、旅游等。通过沉浸式体验，获得类似"方寸之间，深不见底"的高维体验。

5.5.2 元宇宙将成为比现实世界更大的经济体

元宇宙作为虚拟世界和现实世界融合的载体，蕴含着社交、内容、游戏、办公等场景变革所带来的巨大机遇，很多国际机构和知名科技公司都极为看好元宇宙的未来市场预期。

扎克伯格在一次活动中指出："我们希望，如果我们都在努力，那么在接下来的十年里，元宇宙将可以覆盖 10 亿人，承载数千亿美元的数字商业活动，并为数百万创作者和开发者提供就业机会。"

彭博（Bloomberg）行业研究报告预计元宇宙行业将在 2024 年达到 8 000 亿美元市场规模，普华永道（Pricewaterhouse Coopers）预计元宇宙市场规模在 2030 年将达到 1.5 万亿美元。

2021 年 11 月，摩根士丹利在给投资者的一份研究报告中，更是画了一个关于元宇宙的"超级大饼"，称元宇宙已是下一个重要投资主题，且有望成为产值达 8 万亿美元的超级市场。

英伟达首席执行官黄仁勋在公司的财报电话会议上更为激进地表示："我相当肯定，此时此刻，Omniverse 或元宇宙将成为一个比我们目前经济规模更大的新经济体。"

在可以预见的未来，元宇宙虚拟世界的经济规模将极有可能超过现实物理世界，极有可能将成为比现实世界更大的经济体。

1. 元宇宙集合了几乎所有事关未来的高新科技领域

据估计，元宇宙将在广告、社交商务、数字活动、硬件和创作者变现方面创造数万亿美元的收入机会。

同时，元宇宙还将带动关联技术服务商、设备提供商、平台服务商的持续增长。

2. 元宇宙将开启庞大的虚拟商业市场

元宇宙的发展将开启虚拟世界的商业市场，推动文创产业跨界融合，加快创建数字化变革新场景，衍生出虚拟偶像、虚拟服装、虚拟土地、虚拟社交等新型商业场景，极大刺激信息消费，带动商业资本投资，创造庞大的虚拟数字资产。

2021年，NFT市场的爆发式增长，让我们看到了虚拟商业市场的广泛前景，Quantum Tech Partners数据显示，区块链和NFT游戏公司在2021年前9个月里一共筹集了19亿美元，这还不包括区块链游戏平台Forte刚刚获得的7.25亿美元融资，这些都表明了虚拟资产领域的巨大市场潜力。

更具发展前景的是，虚拟资产的边际成本基本为零，且元宇宙虚拟世界中的土地、其他资源等相关要素的供应几乎无限大，根本不会出现现实世界中资源短缺的问题。

3. 元宇宙将赋能现有产业，同时创造新型应用

元宇宙将通过多维赋能物理世界的产业，以推动产业链、价值链、创新链迭代升级，未来，每一家物理世界的公司都会打造一个元宇宙中的数字孪生体、数字经济体，而每一家现实世界中新建的工厂也都会在元宇宙中孪生一个数字工厂，实现产业价值倍增。

元宇宙还将加快商业模式创新与潜在市场培育，重点围绕游戏、社交、娱乐、办公、工业、教育、医疗等领域打造新型应用场景，培育新的市场增长点。

除此之外，元宇宙作为全新复杂的生态系统，还将催生多领域、多维度的重大需求，迎来需求端的重大发展机遇。

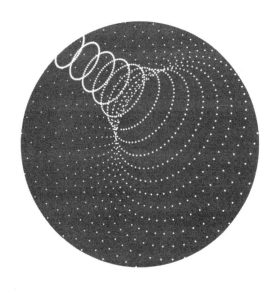

第 6 章
如何平衡不均质的元宇宙

如果可以创造千万个虚假的世界，而世界上只有一个真实的世界，那如何确定，我们现在所处的这个世界，就是那千万分之一的真实？

——《未来简史》（*Homo Deus: A Brief History of Tomorrow*）

6.1 元宇宙的不均质风险

风险总是与机遇并存,任何新兴技术、新兴行业的落地都会伴随着未知风险和挑战,元宇宙虚拟世界中也充满很多的不稳定性因素,不稳定意味着变化、机遇,同时也意味着风险、凶险。

2021年,由清华大学主办、清华大学人工智能国际治理研究院承办的人工智能合作与治理国际论坛建立,其中"元宇宙未来治理前瞻"是三场主论坛之一。与会专家学者表示,元宇宙赛博空间已经与现实世界的既有秩序、组织和结构形成了张力,也对现实世界的治理提供了全新维度的挑战。这些张力和挑战已经引起了人性挑战、社会撕裂、政治动荡、金融风险等一系列问题,且仍在酝酿新的隐患。

武汉大学法学院讲师、网络治理研究院研究人员王德夫老师则指出:"元宇宙所蕴含的风险对法律规则、社会秩序提出了现实与长远两方面的风险与挑战。现实风险主要包括个人信息保护与数据安全风险、基础技术的产业链风险、新型网络安全风险、不正当竞争与垄断风险。长远挑战则包括多元利益分配挑战、跨区域元宇宙竞争挑战、元宇宙对基本社会体系的挑战。"由此,他引出了是否需要构建具有前瞻性的公共规则的思考。

应当看到,伴随着发展机遇,元宇宙的不均质特性也在逐步显现。目前其社会秩序、价值取向尚不明朗,还面临信息过载、资源分布不均、内在垄断、金融风险、伦理挑战等问题。

也有媒体指出,Roblox通过抽成机制、设置虚拟币提现门槛等规则"掠

夺"游戏开发者和用户的绝大部分收益。同时 NFT 领域交易量增速过快，商业模式却不清晰，炒作过热，很可能产生垄断现象。

因此，很有必要重新审视元宇宙赛博空间对现实世界所产生的冲击，评估其风险因素。当前，虚拟空间中尚缺乏制度共识和构建，虚拟空间和现实世界制度的冲突已经被摆上桌面，已成为下一代互联网迫切需要解决的议题。

6.1.1 社会秩序风险：既有社会秩序的挑战与颠覆

荷兰学者约翰·赫伊津哈（Johan Huizinga）在《游戏的人：文化中的游戏成分的研究》一书中指出——

游戏的进行受到空间限制，竞技场、牌桌、魔环、庙宇、舞台、银幕、网球场、法庭……在形式上、功能上都是游戏场所，即隔开、围住奉若神明的禁地，特殊规则通行其间。它们都是平行世界里的临时世界，用于进行和外界隔绝的活动。

赫伊津哈还探讨了封闭的游戏场所内的秩序与规则，他认为游戏创造了秩序，甚至游戏就是秩序。

元宇宙作为平行于现实世界的虚拟世界，具有明显的游戏化特征，元宇宙也会创造秩序，或者其本身就是秩序。

根据巴赫金（Mikhail Bakhtin）的"狂欢理论"，在现代社会来临之前，游戏是群体世界观表达与实践行动的重要部分，巴赫金在《弗朗索瓦·拉伯雷的创作与中世纪和文艺复兴时期的民间文化》中提到了两种"狂欢的范畴"：脱离体制；脱离常规。它的主要精神是：颠覆等级制；主张平等、民主的对话精神；反对僵化和教条。主张"狂欢节"式的"第二生活形式"，它是逾越等级、财产、职位、家庭和年龄的，是一种人人平等、自由、资源共有的乌托邦。这种狂欢同世界中的现场权威、秩序是对立的。

正在为人类开创"第二生活方式"的元宇宙,不论以何种技术路径实现,都将不可避免地对现有社会秩序造成挑战,乃至颠覆。

1. 社会疏离

元宇宙因其强交互、高度沉浸感体验,天然具备"成瘾性",使人沉浸其中难以自拔,导致社会疏离(social distancing)。

社会疏离不是一个新命题,互联网时代人们过度依赖网络,就会导致社会疏离,产生了个体的孤独感、亲人的疏离感、人际的疏离感、社会的孤立感。

Seeman.M 从社会心理角度将疏离感构建为五个维度。

(1)劳动疏离感:在劳动中丧失了目的。

(2)无力感:不能对他人、对社会造成影响的感觉。

(3)社会孤立感:与他人、集体和社会之间失去亲密接触的感觉。

(4)价值疏外感:在活动中丧失了意义的感觉。

(5)自己疏外感:感觉到自己和自己是陌生的。

中国台湾学者张春兴对疏离感的定义为:由于社会变迁和都市工业化的影响,人与其生活环境间失去了原有的和谐,终而形成现代人面对其生活时的疏离感。它包括四种情感成分,即社会孤立感、无意义感、自我分离感和无能为力感。

元宇宙时代的社会变迁更甚于都市工业化和互联网化,其所营造的虚拟世界或许会在现实世界造成更严重的社会疏离。

2. 秩序失范

失范(anomie),是由于社会规范失调而产生的一种社会反常状态,导致社会中的人们缺乏可以共同遵守的行为准则。杰克·D.道格拉斯艾和弗兰西斯·C.瓦克斯勒的《越轨社会学概论》将失范注释为:"一种准规范缺乏、含混或者社会规范变化多端,以致不能为社会成员提供指导的社会情境。"

失范包含两层意思:一是传统的社会规范的失效,如生活方式的改变、伦理道德的失效、宗教信仰的改变、语言文字的改变以及内在社会民众心

理的变化;二是新的社会普遍性的生活方式、价值观念还没有完全成熟,导致人们无所适从。

元宇宙作为各种社会关系的超现实集合体,其中的道德准则、权力结构、分配逻辑、组织形态等复杂规则都需要明确定义和规范,在此之前,会导致一定程度的秩序失范。

2020年7月,大数据战略重点实验室全国科学技术名词审定委员会研究基地收集审定的第一批108条大数据新词,其中之一是秩序互联网(internet of order)。

秩序互联网,是互联网发展的高级形态,通过创新组织方式、治理体系与运行规则,将法律、监管与技术充分融合,建立基于规则共识、行为共治、价值共享的智能化制度体系,形成在虚拟社会共同遵循和维护的道德规范与行为准则,可以充分保障数据及其价值流通与共享的安全。

元宇宙作为互联网的终极形态,应充分警惕秩序失范的风险,往秩序互联网方向靠拢。

3. 挑战国家秩序

跨国界、跨时空的元宇宙,在某种程度上会对近代以来形成的领土国家秩序形成某种挑战。

另外,以区块链为底层技术的元宇宙,可以构建去中心化的数据存储、身份认证、信用体系打造、经济系统建立、NFT系统,这很可能改变传统的基于主权领土管辖与服务器控制的规则,形成一种无结构、无中介、去中心化的权力分布与公共治理,对传统国家治理模式会产生影响。

6.1.2 价值取向风险:虚拟世界与真实世界的边界

社会学家威廉·奥格伯恩称:"技术像一座山峰,从不同的侧面观察,它的形象就不同。"

科学技术乐观主义（optimism on science and technology）[①]者往往对元宇宙不乏溢美之词，他们希望世界因为技术而更美好，带来自由、平等、开放、进步的价值观。科学悲观主义（scientific pessimism）者则习惯从另一个侧面观察，技术进步所带来的反乌托邦以及价值取向风险。从《弗兰肯斯坦》（*Frankenstein*）[②]开始，无数科幻作品的出发点就是警惕技术所带来的反乌托邦思潮以及对传统价值观的颠覆，旨在提醒人们盲目的科学技术乐观主义反而会导致更加恶劣的后果。

再以互联网为例，千禧年来临之前，人们曾对互联网充满美好畅想：世界各个角落的人们被网络串联起来，人们平等讨论、畅所欲言，互联网所持有的平等、自由、开放宗旨，会让信息无障碍传递，形成理性、充满共识的互联空间，甚至人们都能拥有平等创造财富的机会。

然而当我们去审视当下的互联网环境：无所不在的网络"键盘手"、网络喷子、网络暴力；互联网平台巨头垄断了人们的衣食住行；信息泄露、大数据杀熟等信息安全问题层出不穷……

即便存在如此多的问题，我们仍愿意相信上述不和谐的现象并非互联网时代的主流价值，其基本面仍是积极向善的。

即将到来的元宇宙，面临着同样的问题，那么，我们又当如何去确定这个新宇宙的价值取向、制度选择和秩序呢？

如何去塑造元宇宙的价值观？是直接复制现实世界，抑或是另行开创？

如何做好元宇宙的制度设计？在制度设计中要不要坚持现实社会中的自由、主权、正义、平等之类的原则？

如何确定元宇宙的社会秩序和运行规则？

如何打造元宇宙的文明框架体系？

当元宇宙虚拟世界价值观同现实世界价值观发生冲突时，如何处置？

如何平衡现实世界和虚拟世界的关系？

---

① 科学技术乐观主义是指那些认为科学技术的发展是社会进步的动力，科学技术的进步必然会推动社会经济发展的思想和看法。
② 英国作家玛丽·雪莱在1818年创作的长篇小说。

元宇宙的入局者、推动者如何思考和处置以上问题，或许就将决定元宇宙未来的样子、未来的价值观。

就好比科幻电影《头号玩家》中的"绿洲"，它拥有独立而完整的价值取向和秩序，它向受众传达的是"reality is the only thing that is real"（现实是唯一真实的事物）的终极价值观。

优秀的科幻作品用来展示未来的科学技术，伟大的科幻作品则会讨论未来的伦理和价值观。

向虚而生，向实扎根。无论元宇宙如何演进，它同现实世界的连接永远也无法切断，也无论元宇宙价值取向如何冲击现实世界的价值观，一些基本的价值观和价值取向是不允许违背的。

《月亮与六便士》[①]的主角思特·里克兰德抛弃了"六便士"——他的家庭和地位，去寻找自己的"月亮"，把生命的价值全部注入绚烂的画布里，从道德上看，主角的选择是不负责的，然而在艺术的宇宙里，他是伟大的。

诸如里克兰德等个体的价值取向可以随心所欲，群体的、社会性的价值取向，则需要遵循普世价值。

比如——

"价值观调查表"理论的提出者罗基奇总结的一套终极价值观系统，它包含舒适的生活、振奋的生活、成就感、和平的世界、美丽的世界、平等、家庭保障、自由、幸福、内心平静、成熟的爱、国家安全、享乐、灵魂得到拯救、自尊、社会承认、真正的友谊、智慧。

再比如——

莫里斯于1956年提出的"生活方式问卷"价值体系，其强调的重点是：第一，保存人类最高的成就。个人参加其社区中的群体生活，其目的

---

① 英国小说家威廉·萨默赛特·毛姆的三大长篇力作之一，成书于1919年。

不是要改变它，而是要了解、欣赏和保存人类所已成就的最好的东西。

第二，培养独立性。一个人必须避免依赖他人或外物，生命的真谛应从自我中体验。

第三，对他人表示同情和关切。以对他人的关怀和同情为中心，温情是生活的主要成分。

第四，轮流体验欢乐与孤独。在美好的生活中，孤独与群处都是不可缺少的。

第五，在团体活动中实践和享受人生。个人应该参加社群团体，享受友谊与合作，以求实现大家的共同目标。

第六，经常掌握变动不定的环境。一个人应经常强调活动的必要，以谋求现实地解决、控制世界与社会所需要的技术的改良。

第七，将行动、享乐与沉思加以统合。

第八，无忧、健康地享受生活。

第九，人生中那些美好。

6.1.3 金融安全风险：虚拟经济系统的公信力问题

2019年，Facebook牵头发起了加密货币项目Libra，同年6月8日，该项目发布第一版白皮书，首页写道："建立一个金融系统不是一家公司靠自己就能做到的，因此我们在其中扮演的是帮助这一系统建立的角色。"

"但是Libra协会是一家独立组织，我们在其中有一票……到这个组织成立的时候，我们希望能有100家联合创始公司。"

Facebook在白皮书中宣称，Libra的使命是建立一套简单的、无国界的货币和为数十亿人服务的金融基础设施。

结合Facebook全面进入元宇宙的声明，其所打造的愿景远大的虚拟货币系统、金融系统，势必会对现实世界的金融体系造成某种冲击，甚至会造成某些金融风险。

现实世界的金融服务，基本上采取的是中心化模式，依赖集中管控，

同目前元宇宙所倡导的许多底层观念相冲突。

元宇宙提倡 DeFi，是建立在开放的去中心化网络中的金融应用，目标是建立一个多层面的金融系统，以区块链技术和密码货币为基础，创造虚拟世界的金融体系，简单来说，即"区块链+金融"。借助区块链的加密算法、共识机制、链式结构、智能合约等技术，元宇宙将实现可靠确权、可信流转及服从制度、服从契约的稀缺性，从而建立兼具公平和公信的经济金融秩序。DeFi 是一个极具潜力的金融市场，能形成一个相对完整闭环的生态系统。

元宇宙不可能完全脱离现实世界而存在，包括元宇宙的经济系统和金融系统，也不能完全背离现实世界而孤立存在。相信政府也必然会对其作出全方位规范要求，监管体系将逐渐构建完善，2020 年蚂蚁金服上市叫停，可以看出政府对互联网金融领域的监管决心。在目前相关法规还不健全的情况下，企业在元宇宙赛道的经济、金融创新发展一定要秉持"科技向善"的原则。

除对传统金融体系的冲击外，元宇宙 NFT 可能存在的金融、投资风险也值得关注。

虚拟世界的土地、房屋无法在现实世界使用，买家可以进行个性化建设、收藏、二次出售，也可用来举办音乐会、展览、发布会等活动。

虚拟土地、虚拟房屋本质上是一种 NFT，是一种基于区块链技术的契约的数字化凭证，具有可验证、唯一、不可分割和可追溯等特性，可用来标记特定虚拟数字资产的所有权。

2021 年以来，元宇宙 NFT 交易频繁，交易额屡创新高，很多明星、大 V、企业纷纷推出自己的 NFT 产品和数字艺术品。支付宝上线了 NFT 艺术收藏小程序"蚂蚁链粉丝粒"，腾讯推出了 NFT 交易平台"幻核"App，字节跳动旗下的 TikTok 也宣布推出 NFT 系列作品。

由于国内对虚拟货币的严格监管，一些机构、企业试图淡化 NFT 的"代币"属性，更愿意称其为"通证"。2021 年 6 月，支付宝在推出 NFT 付款码皮肤时就强调，NFT 是解决数字艺术品确权问题的一种有效和可靠的技术手段,和比特币等虚拟货币有着本质区别。

尽管平台一再渲染 NFT 数字产品的稀缺性、增值性,但 NFT 本身具有一定的金融属性,尤其是近期国外开始出现越来越多的 NFT 数字艺术品、虚拟数字资产,而且价格越炒越高,甚至成了很多投机者的金融炒作工具,可能会导致泡沫的形成,给投资者带来风险、损失。

6.1.4 分配不均风险:或进一步加剧贫富两极分化

互联网时代彻底改变了致富的维度和高度,互联网把体力的重要性降到新低,同时将人力资本的价值抬到新高。因为互联网,不同人的致富能力差距空前悬殊。

"互联网+"的推进,在提高劳动生产率的同时,从根本上改变各个产业的生产方式和运行方式。互联网在对传统行业带来冲击和颠覆的同时,也加大了行业之间的财富分化。

美国著名媒体人安德鲁·基恩在《互联网不是答案》一书中说:"实体店产生 1 000 万美元的营业额平均需要 47 名员工,亚马逊只需 14 名雇员,仅 2012 年,亚马逊在美国就毁掉 2.7 万个工作岗位。"

加拿大作家迈克尔·哈里斯在《对安德鲁·基恩所著〈互联网不是答案〉书评》中指出:"汽车共享服务公司 Uber 有 1 000 名雇员,市场价值达 182 亿美元,其估值相当于租车业巨头安飞士和赫兹两公司之和。所不同的是,这两家汽车租赁公司雇用了大约 6 万名雇员。"

英国牛津大学两名研究人员评估了美国 700 个职业"计算机化"的可能性,得出结论:"'美国 47% 的就业机会面临危险'。在今后 10 年至 20 年的时间里,半数工作都有可能自动化!"

互联网的发展导致垄断的头部效应越来越严重,造成贫富差距越来越大,不具备互联网技能和互联网思维的人、职业、行业被无情淘汰。

互联网时代,赢者通吃的马太效应盛行,例如,在淘宝平台,赚钱的永远是头部的极少量商家,因为用户会选择成交量大、好评量高的商家,

第6章 如何平衡不均质的元宇宙

而销量高的头部商家又能在进货环节获得议价优势，更具价格竞争力；在直播带货行业，《2020 年中国网络表演（直播）行业发展报告》统计数据显示，截至 2020 年末，我国网络表演（直播）行业主播账号累计超 1.3 亿，在直播的生态中，两极分化的马太效应越来越明显，头部网红分食了行业 90% 以上的蛋糕，某个不可超越的直播行业顶流更是以 90 亿元个人财富首次登上富人榜，而大多数素人主播月收入则在 3 000～5 000 元之间；自媒体领域也不例外，少量头部玩家"赢家通吃"，普通玩家甚至连喝汤的机会都没有。

人们寄希望于互联网解决贫富差距的问题，但实际上却加速拉大了贫富差距。互联网的本质是连接，在连接人和物的同时，提高了效率，重构了成本，重构了体验，重构了关系，但也造成了贫富差距的扩大。

经济学家陈志武指出"财富差距、收入差距随着技术进步而不断恶化"。

现实世界中，资源分配不均、贫富悬殊，一直都是无解的难题。如果在元宇宙世界，仍然无法解决分配不均、贫富悬殊的问题，就会出现大量数字时代的新贫民。

尽管区块链技术的出现，能够在很大程度上解决利益分配不均、用户资产归属等痛点，它能够降低交易成本，建立信任，直接对接消费者，绕过资本机构，真正做到人人参与、利益共享。

但是区块链当前还处于蛮荒阶段，我们所看到的币圈早期投资者的暴富，恰恰是极少数玩家的盛宴，导致财富进一步集中在少量人手中。

区块链或许能在特定范围、特定圈子内解决小范围的利益分配问题，但整个宇宙框架内的财富分配问题，仅靠区块链恐难解决。

除了技术问题，人与人之间还存在认知上的差距，互联网和区块链造成的贫富差距本质上就是认知的差距，区块链改变了生产关系，但是很难改变人们对事物认知上的差距，这种鸿沟不是技术因素能填补的。

元宇宙中财富不均质的苗头已经显现，在 NFT 领域，已经有不少境外玩家利用资金、认知优势，在虚拟世界囤房、囤地、囤虚拟资产，其交易价格屡创新高，远超普通玩家的经济承受能力，现实世界的贫富差距正在元宇宙虚拟世界被复制，乃至加剧。

只要资本收入的增速高于劳动收入增速，只要高收入的边际税率达不到100%，稳定状态下的财富分配结构最终仍然会集中在少数精英手里。技术不断进步，社会稳定发展，贫富差距就会不断拉大。

清华大学新闻学院教授、新媒体研究中心执行主任沈阳指出，"在元宇宙世界里，由于人工智能添加的完美滤镜和自定义滤镜，人类将第一次实现性别平权、容貌平权、语种平权、种族平权、肤色平权。"

上述五种平权有可能实现，唯独财富平权这个历史性难题，可能将仍然存在于元宇宙。

6.1.5 内在垄断风险：成为商业与资本驱动的僵尸

小说《雪崩》和电影《头号玩家》中的世界最终都进入技术高度发达、贫富分化严重、社会被大财团垄断的赛博朋克时代。

元宇宙虚拟世界是否会重现类似的垄断？当下，普遍的观点认为元宇宙具有避免被少数力量所垄断的基因，Roblox 的联合创始人 Neil Rimer 指出："Metaverse 的能量将来自用户，而不是公司。任何单独一家公司是不可能建立元宇宙的，而是要依靠来自各方的集合力量。"

Epic Games 公司 CEO 蒂姆·斯威尼（Tim Sweeney）也强调："元宇宙另一个关键要素在于，它并非出自哪一家行业巨头之手，而是数以百万计的人共同创作的结晶。"

元宇宙概念的外延丰富，带有天然的反垄断基因，一家独大或几家平台公司独大的可能性很小。严格意义上的元宇宙，承载了开放、包容、去中心化的基因。

不过，我们需警惕另一个层面的内在垄断风险，当下的元宇宙拓荒行动某种程度上已经成了大公司、大资本的专利。

在 2021 年 8 月举办的 SIGGRAPH 2021 大会上，英伟达透露 GTC 大会中穿插了几秒的虚拟黄仁勋及背景。就是这几秒钟的虚拟形象和背景，

是30多位工作人员在使用RTX光线追踪技术扫描黄仁勋,总计拍摄了几千张各种角度的黄仁勋以及厨房照片,又在英伟达开发的虚拟协作平台Omniverse中进行厨房建模,最后通过AI整合,才呈现出来的。

短短几秒钟的虚拟形象,就需如此巨大的人力物力投入,元宇宙显然是一个高门槛、高投入的产业。

元宇宙概念的"柳夜熙"IP形象,也是重金堆积的产物,据了解,创壹科技在打造"柳夜熙"IP形象前期投入了大量的资金,耗费了半年时间,其中研发费用、人员费用、技术投入等总投入远超百万元,创壹科技服务于柳夜熙背后的大中小团队有150余人,小前台团队人数则在10人以内,其中很多成员都是资深技术人员,有不少是专业的电影层面人才。

据业内人士估计,要做到柳夜熙那样精度的虚拟人,仅仅基础的3D建模费用就需要50万元左右,这还不包括后期对人物的细节进行调整和渲染,以及对每一帧动作的优化。

而Facebook、腾讯、字节跳动等互联网巨头在元宇宙领域的布局、投资,投入金额则动辄以亿计、10亿计,Facebook更是宣布未来每年以50亿美元的规模持续投入建设开发元宇宙。

元宇宙的建设已成了大企业的"资本游戏",在这些高起点、高投入的竞争中,中小企业、中小资本难以在元宇宙产业中找到机会。

如此下去,恐怕又是一场资本家的盛宴,一场赢家通吃的游戏,元宇宙将是一颗颗资本下的蛋。

事实上,本身就自带垄断基因的互联网巨头,之所以纷纷进入元宇宙赛道,就是由于移动互联网红利逐步消退和现实世界对反垄断监管的加强。

也正是由于互联网平台巨头的垄断基因和无序扩张,我们看到全球范围内的数字、平台经济反垄断立法正在加速推进中。

2020年10月6日,美国众议院颁布《数字化市场竞争调查报告》。

2020年12月15日,欧盟委员会颁布《数字服务法》《数字市场法》。

2021年2月7日,中国国务院反垄断委员会印发《国务院反垄断委员会关于平台经济领域的反垄断指南》。

与此同时，全球范围内反垄断调查案也频频发生。

2020年10月，美国司法部对谷歌提起反垄断诉讼，指控其在搜索和广告领域妨碍公平竞争。

2021年第一季度，美国先后对谷歌、苹果、脸书、亚马逊等互联网巨头展开反垄断调查。

2021年4月，中国市场监督管理总局责令阿里巴巴停止滥用市场支配地位的行为，并对其处以182.28亿元人民币的巨额罚款。

2021年4月，中国市场监督管理总局对美团"二选一"等涉嫌垄断行为进行立案调查。

2021年12月9日，亚马逊因其在电商物流领域的主导地位而被意大利反垄断机构处以11.3亿欧元的罚款。

反垄断离不开公共权力的介入，为避免元宇宙可能出现的各个层面上的垄断风险，仅仅依靠其自身的反垄断基因是靠不住的，尚需要法律的完善和公权力的监督。

6.1.6 信息过载风险：信息熵超大时代的群体焦虑

信息过载（information overload）是指社会信息超过了个人或系统所能接受、处理或有效利用的范围，并导致故障的状况。心理学研究表明，信息过载不仅会引发困惑感和挫败感，还会导致视野受限从而影响判断，赫伯特·西蒙称："大量的信息造成了注意力贫乏。"

人类一直都面临着信息过载的困扰，早在战国时期，庄子就发出了"吾生也有涯，而知也无涯"的感慨。

互联网时代进一步加速了信息爆炸，加剧了信息过载。2009年，《牛津英语词典》收录了"信息疲劳"一词，随之出现了"信息疲劳综合征"（information fatigue syndrome，IFS），它是指需要处理过多数量的信息而导致的倦怠和压力。

埃森哲在《Fjord趋势2019》报告中披露："信息过载令用户不堪重负，

消费者渴望在纷扰不堪的世界中,获得清静和价值。"对于数据型平台公司,埃森哲建议其应减少数据手机,奉行最少维系数据(minimum viable data)理念,企业应努力减少数据收集,只收集涉及产品和服务所必需的数据,推动"数据最大化主义"(data maximalism)向"数据极简主义"(data minimalism)转变。

信息过载带给人们的困扰主要表现在以下方面。

第一,受传者对信息反应的速度远远低于信息传播的速度。

第二,大众媒介中的信息量大大高于受众所能消费、承受或需要的信息量。

第三,大量无关的、冗余的数据信息严重干扰了受众对相关有用信息的准确性的选择。

元宇宙具备身份、社交、沉浸感、低延迟、多元化、随时随地、经济系统和文明八大关键特征,置身于这样的一个虚拟世界,所有的一切,不论是资产、身份、文明还是经济流转,表现出来的都是数据的变更和程序参数的变化,带来的是另一个量级的海量数据、信息。

我们将迎来继 PC 互联网、移动互联网时代之后的又一次数据大爆炸,我们每个人都将成为元宇宙中重要的数据节点,同时也是信息接收的节点,面临更高量级的数据冲击和信息过载。

Twitter 和 Medium 的联合创始人埃文·威廉斯(Evan Williams)称:"我们消费的信息正如同我们摄入体内的食物一样多。这会影响我们的思考、行为,我们如何理解自己在世界的定位,以及我们如何理解他人。"

置身这样一个由数据构成的虚拟世界,就仿佛进入信息黑洞,如果无法掌握正确的过滤和逃脱办法,人们的注意力将被不断吞噬。

密歇根大学精神健康研究所所长詹姆斯·米勒在 1962 年的一项题目为"信息输入过载"的研究中告诫我们:"既然人们不能引爆导火索……他们就必须作出调整。"

既然避无可避,面对信息过载,我们就要时刻保持警惕、作出调整,将主动权收回自己手中。

小说家大卫·福斯特·华莱士在2007年的一篇文章中创造了"总噪音"这个词,把它称为"可用事实、背景和视角的海啸",它让人感觉到"失去了自主权,失去了被告知的个人责任",他在文章结尾处呼吁我们所有人展开行动:

我们面临的紧急处境是:一方面退回狭隘傲慢,预设立场,僵化过滤器和不成熟的"道德清晰度"是如此诱人;另一方面,处理大量的高熵信息,以及模糊、冲突和变化却会让人不断地发现自己无知和错觉。

正如查尔斯·狄更斯在《双城记》中所写:

这是最好的时代,也是最糟糕的时代;这是智慧的时代,也是愚蠢的时代;这是信仰的时代,也是怀疑的时代;这是光明的季节,也是黑暗的季节;这是希望之春,也是失望之冬;我们面前无所不有,我们面前一无所有。

在时代面前,那些善于应对信息过载干扰,将噪声降至最低,同时又能从中获取对自己最有价值精华信息的人,将比那些被过载信息所淹没的人,拥有更大的优势,享受到元宇宙这个最好时代的时代红利。

6.2 如何面对不均质的元宇宙

《三体》作者、著名科幻小说家刘慈欣曾表示:人类的面前有两条路,一条向外,通往星辰大海;一条对内,通往虚拟现实。他认为人类的未来在于前一条路,而后一条将会带来内卷,把人类带向毁灭的境地。

在刘慈欣看来,"不管地球达到了怎样的繁荣,那些没有太空航行的未来都是暗淡的。"刘慈欣一直反对人类将精力花在虚拟世界中,在克拉克

奖的颁奖礼上,他曾玩笑道:"说好的星辰大海,你却给我Facebook!"

刘慈欣的观点,从香农定义的信息熵角度看,有一定价值。所谓信息熵,是指消除不确定性所需信息量的度量,即未知事件可能含有的信息量。简单来讲,一个系统中小概率的未知事件越多,信息熵就越大[①]。假使我们的视野永远停留在地球,随着地球的信息化和建模化程度越来越高,信息熵会越来越小,最后趋近于零,这将会是一个茫然四顾的悲凉结局。无论是身边的物质世界,还是在基于它建立的元宇宙空间,人们放眼望去,一切都是意料之内,没有未知,没有意外,所有的信息交流,都不会产生新的信息量,这才是"内卷"最可怕的地方。

物理学家约翰·惠勒(John Wheeler)则指出:"信息论是理解元宇宙和人类文明未来的一把钥匙。当我们从信息论角度看问题时,也许会得到一个更接近本质的答案,那就是:由于两个信息升维的大趋势,元宇宙将是大势所趋的文明未来,但它确实有降低信息熵的'内卷化'风险,需要引入星际航行作为增加信息熵的对冲。"

惠勒肯定了元宇宙的价值,尽管元宇宙存在不均质的特性,可能会带来内卷和一些未知的风险,但不可否认,它将是人类文明大势所趋的未来方向。

现阶段,对于元宇宙的争论短时间内不会停止,这也恰恰是元宇宙"百家争鸣"的启蒙阶段,对其未来构建有积极的一面。

而星辰大海和元宇宙也可以是一条路,元宇宙并不能算是人类逃避现实的乌托邦,它也可以用来研究真实宇宙。就像对宇航技术的投入和关注,并不妨碍马斯克同时进行元宇宙关键技术之一的脑机接口的研究。

元宇宙也许并不是逃避现实的乌托邦,而是人类社会自救的诺亚方舟,元宇宙的探索成果也可以用来研究真实宇宙。

元宇宙的构建需要大量的技术创新,从底层的算力、通信、软硬件技术,到脑机接口,甚至内容以及交互方式,都将是一个质的飞跃,元宇宙

---

① 同热力学中的信息熵不是同一概念。

对互联网的颠覆式革新，将引发信息技术、量子技术、通信技术、数学和生命科学的全面互动、耦合，改变科学范式，还将进一步推动传统的哲学、社会学、人类学的突破和变革。元宇宙的未来潜力展现了一个同大航海时代、工业革命时代、信息革命时代、宇航时代有着同样历史意义的新时代：数字文明时代。

在对元宇宙的探索中，人们可能会发现全新的共识、观念、哲学、世界观，反过来促使人类重新思考存在的本质，生命的本质，虚拟和现实的界限，更好地走向星辰大海，实现双重突破，一重向内，抵达虚拟现实；一重向外，拥抱星辰大海。

6.2.1 当虚拟和现实的边界变得模糊

菲利普·迪克（Philip Dick）是赛博朋克（Cyberpunk）概念的主要开创者之一，他在1968年的作品《仿生人会梦见电子羊吗？》（*Do Androids Dream of Electric Sheep?*）[①]是该领域的开山之作，迪克这部作品中提出了一个终极问题——何谓真实？

一年后，威廉·吉布森（William Gibson）推出《神经漫游者》（*Neuromancer*），这是一部传世之作，先后获得雨果奖、星云奖和菲利普·迪克奖，它在网络社会来临之前，就前瞻性地探讨了网络社会的犯罪问题，这部作品最重要的贡献在于，它构建了一个全新的基于技术进步的世界观，它所描述的世界有现实和虚拟之分，现实世界令人失望、压抑，虚拟世界则充满希望、光明。

真实与虚幻随之成了赛博朋克主题小说永恒的主题：何谓真实？宇宙是否真实？人类是否真实？

柏拉图在《理想国》中讲了一个意味深长的故事——洞穴之喻。一群囚徒从出生即被关在一个洞穴中，他们被铁锁链束缚，不能转身，不能回头，

---

① 1982年，被改编为电影《银翼杀手》（*Blade Runner*）。

第6章 如何平衡不均质的元宇宙

只能往前看洞壁上的影子。囚徒身后有一堆火,火与囚徒之间还有一堵矮墙。墙后有人举着各种各样的器具不断走过,火光将器具投影到囚徒面前的洞壁上。囚徒们的一生,只能看到洞壁上的投影,但不知道投影产生的原因,认为投影就是唯一真实的事物。如果他们中有人偶然挣脱锁链,回头发现投影的来源,起初会感到困惑,进而眼睛会感觉不适,最后他甚至会觉得投影要比墙后的实物真实。

同柏拉图同处于2 300多年前人类文明第一次高峰轴心时代的庄子,后来在《庄子·齐物论》中写道:"昔者庄周梦为胡蝶,栩栩然胡蝶也,自喻适志与!不知周也。俄然觉,则蘧蘧然周也。不知周之梦为胡蝶与?胡蝶之梦为周与?周与胡蝶则必有分矣。此之谓物化。"大意是,庄子有一天在梦中梦到自己变成了蝴蝶,梦醒之后发现自己还是庄子。于是就很费解,发出了"庄周梦蝶"的经典感慨——不知是庄周做梦变成了蝴蝶,还是蝴蝶做梦变成了庄周呢?

如果投影、梦境、虚幻世界足够真实,人通常是没有任何能力知道自己究竟是在梦中还是在现实中,究竟是在虚幻投影世界,还是在现实世界。

随着交互技术越来越完善、VR设备越来越普及,虚拟世界和现实世界的界限会越来越模糊。未来,虚拟世界与现实世界一定是完全融合、彼此难分、虚实相生。

到那时,谁又能分辨出自己所处的是现实世界还是虚拟世界呢?

如果元宇宙技术足够成熟,当虚拟和现实的界限更加模糊,甚至消失,我们又当如何去识别现实与虚拟的边界?再进一步设想,我们目前所生活的世界会不会是另外一个虚拟的元宇宙,而我们当前正倾力打造的元宇宙,会不会只是虚拟世界中的第二元宇宙?

马斯克有一个类似的观点,人类生活在类似《黑客帝国》的模拟世界里,当虚拟世界足够真实,人们就无法分辨虚实。而人们生活在真实的现实世界的概率只有十亿分之一,他还表示,如果人类文明停止进步,然后有什么灾难性的事件要抹除文明,那唯一的解决办法就是人类创造一个足够真实的虚拟世界。

科幻电影《黑客帝国》中构建的也是一个类似的世界：人类的意识都被上传到一个虚拟世界中，虚拟世界的真实度甚至超出了真实的物理世界，身处虚拟世界的意识体认为自己才是真实的存在，事实上，他们只不过是一串代码，而其本体（肉体）则在已经荒芜的真实世界的某个角落。

知名 KOL（关键意见领袖）、投资人 Shaan Puri 指出："元宇宙是时间而非空间的概念，它标志着人们的数字生活价值大于物理生活的那一刻。比如人工智能比人类聪明的那一刻、人们的数字生活价值大于物理生活的那一刻。"

Shaan Puri 在关于元宇宙的解释中说："过去我们 99% 的关注点都在物理世界，电视使其下降到了 85%，电脑使其下降到了 70%，智能手机使其下降至 50%……我们的关注一直被从物理世界吸引至数字世界。"

元宇宙会进一步缩减人们在物理世界的时长，不过，人们沉迷手机网络同沉浸元宇宙有质的不同，利用手机上网，即使再沉迷其中，人的意识仍然是清醒的，可以随时控制自己的行为，随时从网络世界退出。而元宇宙带给人们的沉浸感是手机所远不能及的，它会彻底打乱现实和虚拟的边界。

如果人机交互技术足够成熟，所带来的沉浸感足够逼真，我们的意识进入元宇宙虚拟世界之后，是无法分辨其与现实世界不同的，就像无法分辨现实与梦境。

此时，唯一的方法就是我们从梦中醒来，或者意识从元宇宙中退出，但之后又会陷入哪个世界更真实的困惑中。

此为哲学难题，我们所生活的世界是否真实世界，历来是一个无法被证实的难题。

美国著名哲学家希拉里·怀特哈尔·普特南（Hilary Whitehall Putnam）于 1981 年提出了著名的"缸中之脑"思想实验，他在《理性、真理与历史》（*Reason，Truth and History*）一书中，假想了一个同梦境和元宇宙类似的场景：

一个人（可以假设是你自己）被邪恶科学家施行了手术，他的脑被从身体上切了下来，放进一个盛有维持脑存活营养液的缸中。脑的神经末梢连接在计算机上，这台计算机按照程序向脑传送信息，以使他保持一切完全正常的幻觉。对于他来说，似乎人、物体、天空还都存在，自身的运动、身体感觉都可以输入。这个脑还可以被输入或截取记忆（截取掉大脑手术的记忆，然后输入他可能经历的各种环境、日常生活）。他甚至可以被输入代码，"感觉"到他自己正在这里阅读一段有趣而荒唐的文字。

想象一下，你如何确定你自己是不是培养皿中的大脑？如何确定你周遭的世界甚至你的身体就是真实的？

这又回到了哲学史上另一著名命题，由法国哲学家、数学家笛卡儿（法语：René Descartes）提出的——我思故我在（Je pense，donc je suis）。

笛卡儿认为所有的事情都值得怀疑，包括自己，但有一件事情是毋庸置疑的，即"我在思考（或者说我在怀疑）"这件事是确信无疑的。

因为无论是虚拟世界，还是现实世界，都必须有一个思想的主体，这个主体就是"我"。

"我"能得出关于哪个世界更真实的正确结论吗？

大概率不能！德国古典哲学创始人伊曼努尔·康德（德文：Immanuel Kant）认为，人们的知识建立在经验之上，同时人本身也有一套先天存在的认知体系存在于心灵之中，就好比电脑和手机的出厂设置。人们对世界的认识，必须要经过这套先天认知体系的加工。

怎么讲？这套先天认知体系其实是我们正确认知世界的"有色眼镜"，对我们看清世界的本来面目是一种先天束缚，会过滤掉真相。

这种束缚与生俱来，就好比是预置的电脑程序，无法摆脱。

事物本来的面目如何？无人知道，康德将事物本来的面目称为"物自体"。

康德认为，人们只能认识事物经过"眼镜"（先天认知体系）加工后的表象，而不能真正认识事物本来的面目，即"物自体"。

如我有一天我们高度沉浸于元宇宙，再来思考世界真实性的问题，也是同样的道理。身处元宇宙的人们只能确定当下时刻的可能性，而无法去推测当下世界的背后是否还存在一个真实的世界。同样，我们不能确定我们自以为真实生活在其中的物理世界，其背后是否还存在一个更加真实的世界。

到那时，人们所探寻的真实世界，就相当于康德所言的"物自体"，可能将是一个永远也无法确定和证实的存在。

6.2.2 横跨现实与虚拟的"两栖物种"

元宇宙，拓展了人们的生存维度，当线上线下的界限彻底打破，现实世界与虚拟世界的界限变得模糊，人类开始从现实世界向虚拟世界迁徙，成为横跨现实世界与虚拟世界的"两栖动物"。

"两栖动物"要遵循哪个世界的准则？届时，人们的生活方式、生产模式和组织治理方式等都会被重构，会产生一系列法律问题、道德问题乃至伦理问题。微软大中华区副总裁兼市场营销及运营总经理康荣就提到，元宇宙并不只是一个技术问题，同时也是个伦理问题。

现阶段，元宇宙仍是一个不断演变、不断发展的概念，不同参与者也会不断丰富它的含义，需要警惕资本绑架、伦理风险、立法监管空白等问题。

元宇宙游戏《绿洲》（为致敬《头号玩家》原著而命名）创始人尹桑指出，"元宇宙意味着真实与虚拟的界限被打破，它将产生一系列社会问题。"

在尹桑看来，技术或许是个水到渠成的问题，但社会道德与法律问题却需要花更长的时间去解决，尹桑举了一个例子："如果一个孩子从小在虚拟世界里读书，最终在虚拟世界里获得了大学学位，那么这个学位能在现实中获得认可吗？"

元宇宙虚拟社会很可能比现实还要复杂，例如，虚拟世界里是否还有国家的概念？现实世界中的法律能否延伸到虚拟世界？虚拟世界的行为，是否也会在现实中产生相应的效力？

数字网络空间本就存在着用户隐私泄露、诈骗、病毒、非法获取信息

等安全监管问题,这些问题是否会在元宇宙中出现,也是需要考虑的问题。元宇宙中的娱乐活动还可能涉及版权纠纷,例如歌手在元宇宙虚拟世界进行演出,究竟是属于商业演唱,还是线上播出?继而会产生音乐版权和肖像权问题。

从社会伦理层面来看,元宇宙世界是高自由度、高包容度、开放的"乌托邦式"世界,个体关系、权力结构、资源分配、组织形成、冲突解决,这些现实世界存在的东西依旧需要明确的规则。

但如果在元宇宙里,人们依然要遵照现实世界里的各种法律、伦理、规范,一切都是对现实世界的复制,那么虚拟世界对用户还有那么大的吸引力吗?

简单的复制显然行不通,但如何确定支撑元宇宙的文明框架体系和治理模式是一个复杂的问题,同时还需考虑如何建立现实世界和元宇宙之间的健康互动关系。

20世纪80年代诞生的首款虚拟世界网游《栖息地》(*Habitat*)已经具备了元宇宙的基本特征,《栖息地》的创始人Randy Farmer、Chip Morningstar思维超前,他们在1990年有这样一段论述:

> 虚拟世界首先是一个拥有众多参与者的环境。对于虚拟世界的居民而言,重要的是:他们获得的能力,遇到的其他人的特点,相互间影响的方式。虚拟世界,更多是由参与者及其互动来定义,而不是由实现它的技术来定义。

元宇宙最大的难点并非技术问题,而是虚拟世界的道德伦理基础、法律治理体系、权力利益分配原则,这些超越现实国别、社会、文化,同时又要求参与者形成普遍共识的命题,才是元宇宙稳定运转的关键,《栖息地》的两名创始人谈论的就是这些问题,他们提出的元宇宙治理方式,同前文所讲的DAO式治理模式有某种神似。

DAO式治理模式,也会产生一系列问题和挑战,在伦敦大学的玛塞拉·阿特佐里(Marcella Atzori)看来,DAO是一种新型的组织理论,但并不是一种政治合法性的理论，它至少蕴含着以下四个方面的治理风险。

首先，安全漏洞与技术缺陷很可能导致治理失灵与新的无政府状态。

其次，去中心化交易及监管缺失会侵犯现实世界与主权国家的法律准则。

再次，投票机制所寓意的"直接民主""全员参与"不排除极低的投票率，因为并不是所有玩家都有意愿和能力来审议所有提案，与此同时，财产动议权也会导致虚拟世界的选票操纵与寡头统治。

最后，自助式、无国界的全球治理，一方面带来原子化社会与公民性的丧失，另一方面也引起公共事务治理的快消化、游戏化与非权威化。

全面复制现实社会和完全的 DAO 模式，都有其局限性，理想的元宇宙应该是一个由政府、企业、互联网原住民共同建设和发展的第二空间，《雪崩》中那个崩坏的旧体系，对当今的社会管理者也是一种预警。

2021 年 11 月，新华社也发文指出："近来，元宇宙成为科技和资本领域的热点话题。现阶段，元宇宙仍是一个不断演变、不断发展的概念，不同参与者也会不断丰富它的含义，需要警惕资本绑架、伦理风险、立法监管空白等问题。"

我国于 2021 年 9 月发布的《新一代人工智能伦理规范》，还有欧盟对于人工智能与数据的预先监管战略，都是规避虚拟世界走向无序而提出的治理方案。

6.2.3　当所有经济链条都纳入元宇宙

理论上，人们一天 24 小时可以分为三个板块：8 个小时工作（生产）、8 个小时睡眠、8 个小时休闲（消费）。现在，互联网公司不仅占领了人们的 8 小时休闲时间，还在挤压睡眠时间，同时不断蚕食 8 小时的工作时间。

在实现高度沉浸感的互联网终极形态——元宇宙里，人们的工作可以完全搬进去，这意味着，除了吃喝拉撒睡环节，人的所有活动都可以在元宇宙中完成，现实世界中的经济链条基本上要被纳入虚拟世界。当生产、

消费和娱乐全都进入元宇宙,那么,元宇宙将会成为一个超级黑洞:工厂、原材料、供应链、制造、分销、零售、消费、娱乐、社交、金融都将被囊括进去。

到这一阶段,就如 Shaan Puri 所说的,数字生活的价值已经大于物理生活,奇点出现,人们将会主要生活在数字世界里。

只要人类的经济循环链条完全被纳入元宇宙里,加上科技巨头们所掌握的规则制定权,他们可能就掌握了一切。

美国《大西洋月刊》(*The Atlantic*)发表了特约撰稿人伊恩·博戈斯一篇名为"元宇宙是糟糕的"的文章,文章指出:"扎克伯格接受了《黑客帝国》的设定,希望人类进入那个虚幻的世界。创造出'元宇宙'的科幻作家尼尔·斯蒂芬森的本意是让我们警惕元宇宙,但现实讽刺的是,以扎克伯格为代表的科技巨头却因此受到启发,要创造出元宇宙。扎克伯格说他们的目的不是赚钱,而是提供更好的服务,其实他们的目的是实现权力和控制。"

在博戈斯看来,扎克伯格在元宇宙中将获得更大的话语权和掌控权。

乔治亚理工学院数字综合文科中心主任、数字连接研究先驱珍妮特·默里(Janet Murray)在接受《华盛顿邮报》的采访中,也表示很担心监视资本主义在元宇宙中会更加猖狂,因为在虚拟世界中,这些科技巨头的影响将会无所不在。

就连 Facebook 最早的投资者之一罗杰·麦克纳米(Roger McNamee)也发声斥责 Facebook 搞元宇宙是一个坏主意。麦克纳米表示不希望 Facebook 创造出一个反乌托邦噩梦,因为他不相信扎克伯格不会滥用他在元宇宙中的权力。

而理想的元宇宙是不能属于任何人、企业、国家的,否则,元宇宙一旦被某些人、某些公司、某些国家掌控,就可能如同《黑客帝国》中的掌控虚拟世界的母体一样,掌控所有人的命运,权力将会不可避免地被滥用。

倘若所有经济链条都被纳入元宇宙里,除了可能导致权力的无序集中和滥用外,还可能意味着现实世界的大萧条。

在《黑客帝国》里,现实世界是一片荒漠。

在斯皮尔伯格执导的电影《头号玩家》里,剧情设定的场景是 2045 年,人类在经历了人口爆炸、资源枯竭、环境恶化等危机后,地球伤痕累累,现实世界正处于混乱和崩溃的边缘。

由鬼才詹姆斯·哈利迪打造的 VR 游戏《绿洲》成为人们唯一的精神寄托。

在游戏的虚拟世界里,没有做不到,只有想不到。人们只要戴上 VR 设备,便可以进入恍若隔世的虚拟世界,人们随心所欲设置自己的形象,即便是现实生活中的失败者,在绿洲里依然可以成为万人敬仰的超级英雄,无所不能。

人们开始抛弃现实生活,所有的社交、经营活动都在绿洲中进行,其他所有在现实世界开展的活动均可复制到虚拟世界。虚拟空间还拓展了人类的活动边界,比如人们可以和蝙蝠侠一起攀登珠穆朗玛峰,可以随时来一场说走就走的旅行,瞬间抵达地球的任意角落。与丰富多彩、更有趣的虚拟世界相比,现实世界则是萧条不堪、一片残破。

如果这就是元宇宙的终极形态,相信很多人都不愿意接受这样的元宇宙,同时也会遭受很多行业和政府部门的反制,因为元宇宙可能会损害到他们在现实世界的利益和秩序。

现实与虚拟之间的平衡是元宇宙发展中不可忽视的重要命题。尽管元宇宙的最终目标是实现一个虚拟与现实之间高度融合、平衡发展的世界,我们建设元宇宙,目的也不是"脱实向虚",而应实现实体经济和虚拟数字经济的深度融合、协同发展、互相赋能,打通虚拟世界同现实世界的产业链,帮助各行业找到新的发展空间和第二增长曲线,为现实世界带来经济发展的增量。此为元宇宙构筑的初衷和理想状态,但在发展过程中要时刻警惕它走向歧路。

6.2.4 碳基生物能否在元宇宙中永生

2020 年 5 月,亚马逊上线了一部科幻剧集《上载新生》(Upload),剧情基本设定为:2033 年,世界已经进入全面的数字化时代,人死后能够

在虚拟数字世界实现永生。

男主角内森遭遇车祸而命悬一线,女友英格丽说服其将自己永久上传至某科技公司运营的"虚拟现实酒店"。

于是,内森进入虚拟世界,获得了新生。

虚拟世界和现实世界被一道"程序墙"隔开,墙内是现实世界中已经肉体死亡的"上传者",墙外则是真实的世界。现实世界的人可以借助 VR 眼镜进入虚拟世界,同死去的"上传者"接触,甚至可以发生性爱。

虚拟世界的一切都由程序设定,每一片树叶都是代码,"上传者"的饭点是固定的,错过之后,食物就会自动消失,甚至连"上传者"小便的线路都是程序规划好的。

"上传者"在虚拟世界的所有体验都需要付费,包括吃饭、消费等,甚至连打喷嚏都要付费。因此,虚拟世界中的"上传者"需要线下的亲人们替他们买单,比如,内森就是靠真实世界中女友英格丽来不断帮他充钱"续命"。有钱人在虚拟世界能得到更好的服务和体验,内森就住在女友高价买来的湖景庄园,而虚拟世界的底层则住着一群穷人,他们每个月只有两个 G 的数据流量,生活十分窘迫。

剧中反复强调了笛卡儿的哲学观点:我思故我在。

开始,内森进入虚拟世界很不适应,认为自己在现实世界中已经死去,失去了生命,因此觉得虚拟世界也很别扭。

虚拟世界的客服则解释称,他之所以感觉不适应是因为还有意识存在,还能够作出比较。由于意识在,所以思考就在,思考在,内森就是有生命的,他并没有死去,已经在虚拟世界实现了永生。

剧中的永生存在很多"bug"(漏洞),比如需要付费才能续命、虚拟世界依然存在贫富差距、管理员几乎拥有不受限制的权力、用户的数据被平台控制等。这显然并不是一个理想的永生环境。

从唯物主义角度出发,现实世界人们的生命在时间长度上是有限的。随着元宇宙的不断突破,科技可以帮助人们实现永生吗?

谷歌首席未来学家雷·库兹韦尔(Ray Kurzweil)博士在《奇点临近》

（*The Singularity is Near*）一书中将人类进化过程划分为六大纪元。

第一纪元：物理和化学。

第二纪元：生物与 DNA（脱氧核糖核酸）。

第三纪元：大脑。

第四纪元：技术。

第五纪元：智慧和技术的结合。

第六纪元：宇宙的觉醒。

库兹韦尔博士演绎并预测了科技发展的未来。

21 世纪 30 年代：人类大脑信息上传成为可能。

21 世纪 40 年代：人体 3.0 升级版出现，通过基因、纳米、机器人技术使人体进化成非肉体的、可以随意变形的形态。人们大多数时间沉浸在虚拟现实里（像电影《黑客帝国》所描述的那样）。

2045 年：奇点来临。人工智能完全超过人类智能，人类历史将彻底改变。

2045 年之后：宇宙觉醒，为了摆脱计算机的局限性，人机智能将物质转化为超级计算机，最终整个宇宙变成一个超级智能，这种智能可以改变目前已知的物理定律，实现不同维度空间的穿越，实现人类真正的永生。硅基生命[①]开始彻底成为星际文明的主角，碳基[②]人类消失。

人类永生的奇点时刻或许还很遥远，不过曾经还只存在于科幻作品中的情节如今有很多已经成为现实：在荷兰 HEREweHOLO 公司的帮助下，Kanye West 在 Kim Kardashian 40 岁生日时向她赠送了已故父亲的全息影像。

该公司 CEO Desmond Frenchken 接受采访时称："我一直希望能亲自在自己的葬礼上发表演讲，如今我们已经达成了这项目标，效果甚至比很多电影里更好。你可以站在那里，用真人般的清晰形象张口说话。"

现实应用中，还有类似"数字复活"的项目，例如韩国某企业使用 AI

---

① 硅基生命是相对于碳基生命而言的，即以硅骨架的生物分子所构成的生命。有些人并不将碳视作生命必然的核心元素，由此提出了以硅、硼或磷等非碳为核心元素的"非碳基生命"。
② 碳基生命是以碳元素为有机物质基础的生物。地球上所有的生物都是碳基生物，包括人类在内都是以碳和水为基础。

让一个母亲在虚拟现实中见到了已经去世的女儿。

再比如"缸中之脑"实验，实验中的大脑创造的意识便无时无刻地存在于虚拟世界中，但对自己真实的处境一无所知。

未来的脑机接口将能实现这样的功能，省去所有的 VR 设备。即便到了这一阶段，只要现实中的人体还是完整的，只要大脑没有被取出，就还需要在现实社会中解决基本的生理问题，肉体成了人们彻底跨入元宇宙的绊脚石。

但随着计算机技术和人工智能的飞跃，机器终归有一天可以模拟人的大脑，拥有思考的能力甚至获得意识，届时将大脑所有信息编码并上传至机器，便可在元宇宙复制出同现实社会行为模式、思维模式、记忆完全一致的人，理论上来说，人的意识已经实现了永生，而只要把数字意识再植入机器人中，人就完成了碳基生命到硅基生命的进化，即人类的永生。

人类的肉体已经没有了存在的意义，碳基生物彻底进化为硅基生物、数字生物，彻底摆脱生老病死的束缚，迎来虚拟世界中的永生。

尽管"永续存在"是元宇宙生态系统的重要特性之一，未来的数字永生也有可能，但虚拟世界的建立和维护终归要依赖现实世界的资源——网络、算力和能源，如果来自现实世界的支持终止，元宇宙还能自行维系多久？虚拟世界中的数字永生还能否持续呢？